中华经典精粹解读

论　语

李申　编著

中華書局

图书在版编目（CIP）数据

论语/李申编著．—北京：中华书局，2011.3
（2024.7 重印）
（中华经典精粹解读）
ISBN 978-7-101-07812-1

Ⅰ．论…　Ⅱ．李…　Ⅲ．儒家　Ⅳ．B222.21

中国版本图书馆 CIP 数据核字（2011）第 007607 号

书　　名　论　语
编 著 者　李　申
丛 书 名　中华经典精粹解读
文字编辑　郭　妍
责任编辑　杜国慧
责任印制　陈丽娜
出版发行　中华书局
（北京市丰台区太平桥西里 38 号　100073）
http：//www.zhbc.com.cn
E-mail：zhbc@zhbc.com.cn
印　　刷　天津画中画印刷有限公司
版　　次　2011 年 3 月第 1 版
2024 年 7 月第 9 次印刷
规　　格　开本/880×1230 毫米　1/32
印张 8　插页 1　字数 200 千字
印　　数　52001-55000
国际书号　ISBN 978-7-101-07812-1
定　　价　45.00 元

出版说明

在快节奏的现代生活中，如何在有限的时间里读到中国传统文化中最经典的著作？怎样才能尽快领略到经典的核心要义，减少在茫茫书海中不得要领的辛苦？“中华经典精粹解读”丛书正是为适应当代读者需求而特别编写的国学经典普及丛书。

丛书“精粹”二字体现在两个方面：一是所选典籍均为中国传统文化中最具代表性的著作，二是所选文段均为经典中的精华部分。

原文后附“扩展阅读”，是参照原文选段，从其他经典著作中选摘出的内容、思想与本段相关的语段，以使读者获得比较阅读的乐趣，视野得以开阔，思路得以拓宽，从而更加全面深入地理解选文。

段末“点评”，是在充分尊重前人思想成果的基础上，从当代人的视角出发，对文段精髓加以讨论解读，以唤起读者更多的思索和体悟。

原文选段及扩展阅读选段之后，辅以侧重语词解释的注释和串讲文意的译文，不作繁琐考证，以助理解；生僻字词均加注汉语拼音，以利诵读。

本套丛书选用中华书局出版的权威版本作为底本，由富有研究成果的专家学者协力遴选篇章、撰写导言及点评，在此对专家学者们“撷取务精、注释务准”的专业精神表示由衷谢意。

藉由此书，我们愿为古典文学爱好者以及有兴趣了解经典的读者奉上可参考的常备读本。希望我们的努力可以为传统经典贴近当代读者、当代读者走近传统经典助力。

中华书局编辑部

2011年2月

导 言

孔子（前552/前551—前479），名丘，字仲尼，我国古代著名的思想家和教育家，儒家学派的创立者。

据孔子自述，他是殷商的后代。周灭商以后，封殷商的微子啟到宋国。孔子的远祖孔父嘉是宋国的宗室，他与宋国始祖隔了五代，于是改为孔氏。据记载，孔父嘉无辜被人杀害，其后代防叔被迫逃到了鲁国，这就是孔子的曾祖父。防叔生伯夏，伯夏生叔梁纥，叔梁纥生孔子。

孔子三岁时，父亲去世，家境贫寒。年轻时，曾到周王室所在地向老子请教有关礼制的问题。由于他勤奋努力，很快被认为是博学多才的人。孔子三十五岁时，鲁国国君昭公被大夫季氏（季平子）驱逐，逃到了齐国。于是孔子也到了齐国，做齐国大夫高昭子的家臣，得以见到齐景公。齐景公赞成孔子“君君、臣臣、父父、子子”的主张，要封孔子一块土地，遭到执政大臣晏婴的反对，于是孔子又回到鲁国。鲁定公元年，季氏家臣阳虎背叛季氏，并且掌握了鲁国政权。孔子不愿在阳虎手下为官，而致力于整理《诗》《书》《礼》《乐》等古代文献。这时，来向他求学的人也越来越多。几年之后，鲁定公任命孔子做了一任地方官，他政绩卓著，于是被提拔为司空，后来又做司寇。在和齐国会盟的时候，他机智勇敢地迫使齐国归还了从鲁国掠夺去的土地。在司寇任上，他和把持鲁国政权的季氏（季桓子）、孟氏等家族进行了不懈的斗争。五十六岁时，他代理宰相，诛杀了少正卯。不久，由于鲁定公受季桓子诱惑，不信任孔子，孔子又离开鲁国，开始了他周游列国以求实现自己主张的流浪生活。

孔子先后到过卫、宋、曹、郑、陈、蔡、楚等国，以及匡、蒲、叶等地，因为各种原因，都未能得到任用。等到季康子召孔子回国时，他已经六十八岁了。至此为止，孔子一共在外流浪了十多年。

十多年里，孔子可说是经历了千辛万苦。他经过匡地时，被人当成阳虎，险遭杀害。经过宋国，司马桓魋（tuí）要加害于他。在陈国、蔡国一带时，曾经被人围困，几乎饿死。最后回到鲁国，季氏最终还是未能任用他，他就把全部精力用于古代文献的整理和教育学生上。他希望，自己的道能由弟子们继承并且流传下去。

相传，孔子先后教过的学生有数千人，其中优秀的据说有七十二名，而最优秀的是颜回(渊)。然而颜回早死，孔子为此非常哀痛，认为是上天不让他的道传下去了。他的一些弟子，在当时和以后的政治生活中，都发挥了重要的作用。同时，孔子还整理了《诗》《书》《礼》《乐》等古代文献典籍，并且，删修了史书《春秋》。《周易》中的《易传》部分，也有许多内容与孔子有关。这些书后来都成了儒者们必读的经典。

《论语》是儒家学派的经典著作，由孔子的弟子及其再传弟子们编纂而成。它以语录和对话文体，记录了孔子和他的弟子们的言行，集中反映了孔子的政治主张、伦理思想、道德观念和教育原则，是研究孔子的主要依据。全书共二十篇，本来没有篇名，后人摘取每篇首句的头两三个字作为篇名。《论语》的语言简洁精练，含义深刻，其中有许多言论后来发展成为成语和格言，常为后人所引用。

然而从总体上说，孔子的主张在当时以及他死后一个相当长的时期里，未能得到实现。许多儒者，只能在朝廷上作一个顾问，回答君主的咨询。战国时代，虽然出现了两位优秀的儒者孟轲(孟子) 和荀况(荀子)，但是他们的主张在当时也不被重视。

秦朝以武力统一全国，禁止一切自由言论。在秦始皇眼里，那些只会动嘴的思想家们是没有用的。然而秦朝很快亡了国，继秦而兴的汉朝总结秦朝的教训，开始寻找思想指导，他们首先找到的是老子。老子主张清静无为，帮助初起的汉朝完成了休养生息的任务，然而却忽略了上下等级尊卑秩序的建设。以后诸侯叛乱，被儒者们认为是忽略秩序建设的缘故，于是年轻的汉武帝决心把孔子的学说作为指导思想，采纳董仲舒的建议，“罢黜百家，独尊儒术”，以此建立了严格的上下等级、尊卑明确的统治秩序。从此，以孔子为代表的儒术就成了中国古代社会的统治思想，直到1911年辛亥革命为止。

孔子以后，儒学被分成了许多派别，通常认为有八派。汉代一般被认为是经学发达的时代。魏晋时代出现了玄学。由于玄学吸纳了许多老子和庄子的思想，常常遭到后世儒者的抨击。隋唐时期，儒学没有大的发展。唐代后期，韩愈、柳宗元等大声疾呼，要求振兴儒学。然而由于唐代灭亡，他们的愿望未能实现。后来，宋代建国，儒者们继承韩、柳等人的事业，开创了儒学的新局面。宋代以崭新面貌出现的儒学，被称为理学或道学。理学在明代进入了它的全盛时期。随着明朝的灭亡，理学也遭到了抨击。不少学者认为，理学，特别是以王守仁为代表的理学变种，是造成明朝灭亡的根本原因。到了清代，儒者们虽然还尊崇朱熹，但是也有不少人希望从汉唐时代的儒学中寻找使国家强盛安定的思想武器。因此，所谓汉学和以朱熹为代表的宋学的斗争，就构成了清代儒学发展的基本线索。不过无论是汉学还是宋学，清代儒者都未能使它们进一步发展。清朝末年，康有为等儒者企图借助新传入的西方学术使儒学重新振兴，但没有成功。随着清朝的灭亡，儒学也被推到了历史的后台，主要作为历史遗产为后人凭吊和研究。

汉学和宋学之争，事实上反映了儒学发展的两大阶段。所谓汉学，其基本思想是希望原原本本按照孔子重视礼制的主张，完善礼仪制度的建设，使人们在推行这些制度的实践中，明白上下尊卑的等级关系，养成遵守这种秩序的习惯。王安石变法，也是希望建立一套制度，来保持国家的富强和安宁。随着王安石变法的失败，这样一套思想逐渐遭到了儒者们的否定。新起的儒学，也就是理学认为，要使人们遵守秩序，首先要解决人的思想问题。所以，孔子在世时，很少谈论天道、人性，然而理学所讨论的，主要是天道和人的心性问题。也就是说，理学主要讨论的是怎样使人们以修养自己的心性为基础，自觉地遵守当时的社会秩序和各种制度。

这两套儒学都对解决自己时代的问题作出过贡献，但也都有自己的缺陷。认真地研究它们的优劣，从中吸取经验教训，不仅可以明白历史，而且也能够更好地把握现在。

研究后来的儒学，首先应该研究儒学的创始者孔子及其门人编辑的《论语》。这本小书，是我研究儒学的一点小小收获，遵照约稿人的指示，以一种独特的形式献给各位亲爱的读者。我不仅希望能为读者了解儒学作出一点贡献，也诚恳地希望得到读者的批评。

李　申

目　录

孔子论学

孔子论孝

孔子论仁

孔子论做人

孔子论鬼神天命

孔子论治国

孔子论学

学而 1.1

子曰："学而时习之，不亦说乎[①]？有朋自远方来[②]，不亦乐乎？人不知而不愠[③]，不亦君子乎？"

【注释】

①说：通"悦"，高兴。

②朋：志同道合的人。

③愠（yùn）：恼怒，怨恨。

【译文】

孔子说："学了，并按一定的时间去练习它，岂不是很高兴吗？有志同道合的人从远方来，岂不是很快乐吗？别人不理解却不恼怒，岂不是君子吗？"

扩展阅读

君子曰："学不可以已[①]"。青，取之于蓝，而青于蓝；冰，水为之，而寒于水。木直中绳，𫐓以为轮，其曲中规[②]，虽有槁暴不复挺者[③]，𫐓使之然也。故木受绳则直，金就砺则利[④]。君子博学而日参省乎己[⑤]，则知明而行无过矣[⑥]。(《荀子·劝学》[⑦])

【注释】

①已：停止，半途而废。

②中（zhòng）：合乎。

③槁暴（gǎopù）：风干日晒。

④砺：磨刀石。

⑤参：检查，检验。 省（xǐng）：反省，检查自己。

⑥知：通“智”。

⑦《荀子》：战国时代著名儒者荀况的著作，诸子书之一。主张性恶论，认为天不干预人事。

【译文】

君子认为：“学习的事不可半途而废。”青色，是从蓝草中提取的，却比蓝草还要青；冰，是水凝结而成的，却比水还要寒冷。直得合乎木匠墨线的木材，把它弯成车轮，圆得可以合乎圆规，即使风吹日晒也不会挺直，这是人为的弯曲使它变了样。所以，木材经过墨线比量就被矫直，刀具经过磨石打磨就变得锋利，君子广博地学习并且每天检查反省自己，那智慧明达而言行也不会有过失了。

点评

古人学习，主要不是学习知识，而是学习做人。他们认为，学到知识，就像由普通的蓝草中提取了精华，把一根直木弯成了车轮，自己也由一个普通人变成了君子，这种教知识又教做人的教育，今天仍然值得我们效法。

学而 1.4

曾子曰[①]："吾日三省吾身：为人谋而不忠乎？与朋友交而不信乎？传不习乎[②]？"

【注释】

①曾子：姓曾，名参，字子舆（yú），孔子的学生。

②传：老师传授的知识。

【译文】

曾子说："我每天都要几次反省自己的行为：为别人办事有不尽心尽力的地方吗？和朋友交往有不讲信用的地方吗？老师传授的知识练习了吗？"

扩展阅读

孟子曰："无为其所不为[①]，无欲其所不欲[②]，如此而已矣！"（《孟子·尽心上》[③]）

【注释】

①不为：不愿做的事，此处指坏事。

②不欲：不想追求的东西，此处指不该追求的东西。

③《孟子》：战国时代孟轲及其弟子的言行录。原为战国时代诸子书之一，宋代开始，被作为儒经。同时被朱熹编为《四书》之一。其中"性善论"的主张最为著名。

【译文】

孟子说："不做自己不愿做的，不追求自己不愿追求的，这样就够了。"

点评

一个人常常反省自己，是很有必要的。只有那些存心不愿学好的人，才总是自我感觉良好，从来不反省自己。如果总是说自己如何如何光荣，如何如何伟大，如何如何有能耐，这样是很难站得更高、做得更好的。

反省以后怎么办？那就是孟子说的，不做自己不愿做的，不追求自己不愿追求的。这里所谓不愿做的，不愿追求的，都是指不该做、也不该追求的东西。如果有人说，他就是愿意做坏事，不愿做好事，愿意追求坏的，不愿追求好的，也是照孟子所说去做的？这就有点抬杠了。读古人书，要去体会和理解古人的意思，不能死抠字眼。

学而 1.6

子曰："弟子入则孝[1]，出则弟[2]，谨而信，泛爱众，而亲仁。行有余力，则以学文。"

【注释】

①弟子：此处指年纪幼小的人。

②弟：通"悌"，敬爱兄长。

【译文】

孔子说："年轻人在家孝敬父母，在外敬爱兄长，谦逊待人，谨言而讲忠信，博爱大众，并且亲近有仁德的人。这样做过之后，有了多余的精力，就去学习文化知识。"

扩展阅读

孟子曰："事孰为大？事亲为大。守孰为大？守身为大[1]。不失其身而能事其亲者，吾闻之矣。失其身而能事其亲者，吾未之闻也。孰不为事？事亲，事之本也。孰不为守？守身，守之本也。"(《孟子·离娄上》)

【注释】

①守身：保持操守。失身，丧失操守。

【译文】

孟子说："哪一种侍奉最重要？侍奉父母最重要。保持什么最重要？保持操守最重要。不丧失操守而且能够侍奉父母的，我听说过。丧失操守却能侍奉他父母的，我没听说过。谁不做侍奉的事？侍奉父母，是它的根本。谁不保持什么？保持操守，是它的根本。"

点 评

孔子的话，指出了古代对青少年行为的基本要求。在我国古代，书本知识似乎不是教育青少年的基本内容，他们的教育目标，主要是把青少年培养成孝敬父母、谦逊待人、守信用、团结他人，又向往高尚品德的人。

现代的教育，书本知识的教育成为青少年教育的主要内容。做人的品质，是在学习书本知识的过程中培养的。对教育的不同要求，表明了古今社会的变化情况。

学而 1.7

子夏曰："贤贤易色[①]。事父母，能竭其力；事君，能致其身；与朋友交，言而有信。虽曰未学，吾必谓之学矣。"

【注释】

①贤贤：以贤者为贤，尊重贤者。　易：轻礼，慢待。

【译文】

子夏说："尊重贤者，不重容貌。侍奉父母，能竭尽全力；侍奉君主，能够献出生命；与朋友交往，说话诚实守信。即使说他未曾学习过，我一定会说他已经学过了。"

扩展阅读

公孙丑曰[①]："君子之不教子[②]，何也？"孟子曰："势不行也。教者必以正。以正不行，继之以怒。继之以怒，则反夷矣[③]。'夫子教我以正，夫子未出于正也。’则是父子相夷也。父子相夷，则恶矣。古者易子而教之，父子之间不责善。责善则离，离则不祥莫大焉。”（《孟子·离娄上》）

【注释】

①公孙丑：孟子弟子。

②不教子：不亲自教育子女。

③夷：伤害。

【译文】

公孙丑说：“君子不亲自教导自己的子女，为什么？”孟子说：“情况不允许。教导者必须用正确原则。用正确原则行不通，接着就要发怒。一发怒，反而会造成伤害。（子女会说）‘您教我用正确原则，可您却没按正确原则行事。’就是父子互相伤害。父子互相伤害，就不太好了。古代交换儿子进行教育，父子之间就不用相互督促向善。督促向善会使父子相互疏远，父子相互疏远，危害就非常大了。”

点评

这一章再次明确，古代教育主要是指导学生做人，书本知识是次要的。不过，轻视书本知识的行为不久就遭到了批评，现在就更不可如此。书本知识是前人艰苦探索的总结，是科学的结论，不可不学。

至于“君子不教子”，也太偏颇。父母在长期人生实践中所得的知识和教训，都是宝贵财富，应该教给子女。不过父母应注意自身行为端正，或者在有了失误时也坦率地让子女吸取自己的教训。教子时不要发怒，不要强制子女接受，不要有不适当的要求，以免造成父子关系疏远，倒是有可取之处。做儿女的，也应体谅父母的用心。互相体谅，互相帮助，一定会加深父子亲情。

学而 1.14

子曰："君子食无求饱，居无求安，敏于事而慎于言，就有道而正焉[①]，可谓好学也已。"

【注释】

①就：靠近。

【译文】

孔子说："君子吃饭不追求饱食，居室不追求安逸，办事机敏而言语谨慎，请有道者指正自己，可以说是好学的了。"

扩展阅读

孟子曰："……故天将降大任于斯人也，必先苦其心志，劳其筋骨，饿其体肤，空乏其身，行拂乱其所为，所以动心忍性，曾益其所不能。"（《孟子·告子下》）

【译文】

孟子说："……上天将要把重大使命交给这个人，就一定要先使他心志痛苦、身体劳碌、肚子饥饿、生活穷困，他的所作所为总不能顺心如意；这样，便能让他心灵警悟，性格坚强，增进他所没有的本领。"

点评

君子好学，是因为他有远大的志向，所以他不追求安逸舒适，而宁愿过艰苦的生活。并且只有经过艰苦奋斗的人，才可以成就大事业。尽管不能说不经过艰苦奋斗的人就不能成大事，但安逸容易消磨人的意志也是事实。

任何时代，都会有那种为了伟大的事业而艰苦奋斗者。这些人，是人类的中坚，人类的精英，是真正的人。

学而 1.15

子贡曰[①]："贫而无谄，富而无骄，何如？"子曰："可也。未若贫而乐[②]，富而好礼者也。"子贡曰："《诗》云：'如切如磋，如琢如磨。'其斯之谓与？"子曰："赐也，始可与言《诗》已矣！告诸往而知来者。"

【注释】

①子贡：孔子弟子，姓端木，名赐，字子贡。古代只有长辈对于晚辈、官长对于百姓，可以直接呼名。

②乐：皇侃本"乐"下有"道"字。

【译文】

子贡说："贫穷却不谄媚，富贵却不骄横，怎么样？"孔子说："可以了。不过还不如贫穷却喜欢论道，富贵却谦虚好礼。"子贡说："《诗经》上说：'要像对待骨、角、象牙、玉石一样，先开料，再糙锉，细刻，然后磨光。'就是这个道理吧！"孔子说："赐啊，现在可以和你讨论《诗经》了！告诉你这一点，你就能理解下一点。"

扩展阅读

不问而告谓之傲[1]，问一而告二谓之囋[2]。傲，非也；囋，非也。君子如向矣[3]。(《荀子·劝学》)

【注释】

①傲：急躁。

②囋（zá）：唠叨。

③如向：像回声一样。向，通“响”。

【译文】

没提问就回答，是急躁；问一个告诉两个，是唠叨。急躁，是不对的；唠叨，也是不对的。君子教人，应该像回响呼应声音一样，有问必答。

点评

《诗经》，不仅仅是一部诗集，而且是一部讲道理的书。《诗经》中的许多诗句，往往被古人用来说明某种道理。所以，当子贡援引诗句以说明切磋、琢磨的道理时，孔子就非常高兴。而最令孔子高兴的是：他告诉子贡一个道理，子贡能够举一反三，从中体会出更深的道理。这样的学生，就是聪明的、善于思考的学生。

为政 2.4

子曰："吾十有五而志于学，三十而立[①]，四十而不惑，五十而知天命[②]，六十而耳顺[③]，七十而从心所欲，不逾矩。"

【注释】

①立：有所成就。

②天命：上天之命。

③耳顺：听什么都顺顺当当，不别扭。

【译文】

孔子说："我十五岁时立志求学，三十岁有所成就，四十岁可以不被迷惑，五十岁知道天命，六十岁听什么都能明辨真假是非，七十岁便随心所欲，不会逾越规矩了。"

扩展阅读

“敢问夫子恶乎长[①]？”曰：“我知言，我善养吾浩然之气[②]。”“敢问何谓浩然之气？”曰：“难言也。其为气也，至大至刚，以直养而无害，则塞于天地之间。其为气也，配义与道；无是，馁也。是集义所生者，非义袭而取之也。行有不慊于心[③]，则馁矣。”（《孟子·公孙丑上》）

【注释】

①恶（wū）乎：什么？

②浩然之气：孟子独创的概念，指一种光明正大、坚强高尚的气质。

③慊（qiè）：愉快，满足。

【译文】

（公孙丑问：）“请问先生有什么长处？”（孟子）说：“我善于分析人们的言论，也善于培养我的浩然之气。”“请问什么是浩然之气？”孟子说：“难以说清啊！它作为一种气，最广大，也最刚劲。用正义培养而不损害，它就会充满于天地之间。它作为一种气，必须和正义、正道相匹配；没有正义与正道，浩然之气就会衰竭。（它）是积累了正义而产生的，不是偶然合乎正义就能突然得到的。如果行为处事于心有愧的话，浩然之气也就衰竭了。”

点评

有的人，有了一点成就，就沾沾自喜，然而一遇到歪理邪说就受迷惑，更不必说知道事情来龙去脉以及耳顺之类。但值得我们注意的是：成功不过是走向伟大的第一步，只有不被小成就陶醉的人，才能走向伟大。

为政 2.9

子曰：“吾与回言终日[①]，不违[②]，如愚。退而省其私[③]，亦足以发[④]。回也不愚。”

【注释】

①回：颜回，字渊，孔子最好的学生。

②违：不同的意见，疑问。

③退：离开，非正式讲课时间。

④发：发挥所讲的道理。

【译文】

孔子说：“我整天和颜回谈论，（他）从不提出反对意见和疑问，好像很笨。离开后观察他平素的言行，也足以发挥（我所讲的道理）。颜回啊并不笨。”

扩展阅读

孟子曰："君子之所以教者五：有如时雨化之者，有成德者，有达财者①，有答问者，有私淑艾者②。此五者，君子之所以教也。"(《孟子·尽心上》)

【注释】

①财：通"材"。

②私：私下。 淑：通"淑"，拾取。 艾(yì)：通"刈"，取。

【译文】

孟子说："君子教育的方式有五种：有像及时雨滋润的，有成就德行的，有培养才能的，有回答疑问的，有让他私下仰慕而自己学习的。这五种，是君子用来教人的方法。"

点评

有各种各样的学生，有的善于提问，有的不善于提问。善于提问是开动脑筋的表现，不善于提问而能理解老师的教导，并且有所发挥，也是开动脑筋的表现。这两种学生都是好学生。

孟子把学生分为五类，其中颜回属于第一类："如时雨化之者。"老师要因材施教，学生也应懂得发挥自己的长处，不要仅仅从外在表现上学习别人。

为政 2.11

子曰："温故而知新，可以为师矣。"

【译文】

孔子说："温习已经学过的并且能有新的体会，就可以做别人的老师了。"

扩展阅读

记问之学[1]，不足以为人师。(《礼记·学记》[2])

【注释】

①记问之学：只是记住别人互相讨论问答的言词，而不理解这些言词的意义。

②《礼记》：儒经之一，汉代儒者戴胜编辑。其中保存了汉代及其以前儒家论述礼乐的文章。

【译文】

仅仅拥有记住他人言词的学问，不可以做别人的老师。

点评

学习新知识，当然有新的收获。温习旧的知识，也会有新收获，那是由于随着知识的增多、理解能力的增强，对已经学过的东西产生了新体会的缘故。

一般人对于学习的内容，初次接触，虽然自以为完全懂了，其实未必就真的懂了，至少未必懂得深刻。这一点，在青少年中尤其突出。青少年头脑里储备的知识不多，理解能力有限。随着知识增多，理解力增强，就会知道未知的领域可能要比已知的大得多。这就是现在知识界常常谈论的球面效应。即知识像一个球，知识越多，球就越大；球越大，接触未知的领域就越大，人们感到未知的东西就会越多。中国古人也说，学然后知不足，都是一个道理。

为政 2.15

子曰："学而不思则罔[1]，思而不学则殆[2]。"

【注释】

①罔（wǎng）：迷惘。

②殆（dài）：疲惫，懈怠。

【译文】

孔子说："只学习却不思索就会迷惘，只思索却不学习就会疲惫。"

扩展阅读

博学之，审问之，慎思之，明辨之，笃行之。有弗学，学之弗能，弗措也；有弗问，问之弗知，弗措也；有弗思，思之弗得，弗措也；有弗辨，辨之弗明，弗措也。有弗行，行之弗笃，弗措也，人一能之己百之，人十能之己千之。果能此道矣，虽愚必明，虽柔必强。(《中庸》第二十章[1])

【注释】

①《中庸》：传为孔子之孙子思所作，战国时代重要的儒家文献。曾被戴胜编入《礼记》，宋代朱熹又将它编入《四书》，并重新作注。

【译文】

广博地学习，详细地询问，谨慎地思考，明晰地辨别，切实地实行。除非不学，学的没有学会，就不放弃；除非不问，问的没有弄懂，就不放弃；除非不思考，沉思没有收获，就不放弃；除非不辨别，辨别得不明白，就不放弃；除非不实行，实行得不切实，就不放弃。别人一遍能学会的自己就用百遍去学，别人十遍能学会的自己就用千遍去学。果真能实行这个办法，那么愚笨的必定会变得明智，柔弱的必定会变得刚强。

点评

学，犹如吃饭。吃饭给身体补充新的营养物质，学则给大脑增添新的知识。不思，如同吃的食物不消化；不学，如同饿着肚子。孔子这方面的主张，可说是非常正确，又非常对症的。而《中庸》的五条，在学、思之外，又补充了问、辨、行，这是对孔子主张的发展，读者应该仔细体会。

为政 2.17

子曰："由[1]，诲女知之乎！知之为知之，不知为不知，是知也。"

【注释】

①由：即仲由，孔子弟子，姓仲，字子路。

【译文】

孔子说："仲由啊，教给你对待知或不知的正确态度吧！知道就是知道，不知道就是不知道，这就是聪明智慧。"

扩展阅读

子曰："人皆曰'予知'，驱而纳诸罟擭陷阱之中[1]，而莫之知辟也[2]。人皆曰'予知'，择乎中庸，而不能期月守也[3]。"（《中庸》第七章）

【注释】

①罟（gǔ）：捕兽的网。 擭（huò）：捕兽的机槛。

②辟：通"避"。

③期（jī）月：整整一个月。期，一个周期。

【译文】

孔子说："人人都说'我知道了'，驱赶着把他送进兽网兽槛甚至陷阱之中，却不知道逃避。人人都说'我知道了'，选择了中庸的态度，却连一个月都保持不了。"

点 评

子路的缺点，是不知道却装作知道，所以孔子这样教导他。其实，不少人也常犯这个毛病。自己本来不知道，由于种种原因，却要装作知道。这种态度，轻则会使自己陷于尴尬境地，重则会误人害己。

述而 7.8

子曰："不愤不启[①]，不悱不发[②]。举一隅不以三隅反[③]，则不复也[④]。"

【注释】

①愤：心求通而未得。

②悱（fěi）：口欲言而未能之貌。

③隅：墙角。　反：通"返"，此处指返回给以佐证。

④复：再次教导。

【译文】

孔子说："（教导学生，）不到想求明白而不得的时候，不去开导他；不到想说却说不出来的时候，不去启发他。讲了一方面不能联想到其他方面，就不再教导他了。"

扩展阅读

孟子曰："君子深造之以道，欲其自得之也。自得之，则居之安。居之安，则资之深①。资之深，则取之左右逢其原②。故君子欲其自得之也。"（《孟子·离娄下》）

【注释】

①资：借助。

②原：源泉。

【译文】

孟子说："君子用道来深造自己，是追求自觉有所得。自己学习得到的东西，就能牢固地掌握。掌握得牢固，积累得就深厚。积累得深厚，就能取之不尽，左右逢源。所以君子要追求自觉地有所得。"

点 评

这里讲的是我国启发式教学方法的开端。启发，就是学生有了发问求知的要求，教师给予指导和帮助，使学生明白。这同武术界说的"点拨"是一个意思。由这种方式所得的教学效果，往往会使学生懂得快，记得牢，老师用力少而收效大。其根本原因是，学生经过了思考，有了求知的要求。这样得来的知，就近似孟子说的"自得"。

述而 7.20

子曰："我非生而知之者，好古，敏以求之者也。"

【译文】

孔子说："我不是生来就有知识的人，（而是）喜好古代文化、并且勤恳追求的人。"

扩展阅读

或生而知之，或学而知之，或困而知之，及其知之，一也。(《中庸》第二十章)

【译文】

有的人是生来就有知识，有的人是经过学习才有知识，有的人是遇到困难后才通过学习获得了知识。等到他们都有了知识，就都是一样的了。

点 评

古人总要神化他们所崇拜的圣人。孔子，就被他以后的儒者说成是生而知之的人。所谓生而知之，有儒者辩护说，是知道各种做人的道理，而不是有关自然和历史的知识。诚然，有关自然和历史的知识是必须经过学习才能得到的。那么，做人的道理真的可以生来就知道吗？今天的人们一定能作出正确的回答。

述而 7.22

子曰："三人行[①]，必有我师焉。择其善者而从之，其不善者而改之。"

【注释】

①三：古代常用作不定数词，可译为"几个"。 行：走路，此处可理解为在一起。

【译文】

孔子说："几个人在一起，其中必定有值得我学习的人。选择他们的优点加以效法，他们的缺点自己则要改掉。"

扩展阅读

古之学者必有师。师者，所以传道、受业、解惑也[①]。人非生而知之者，孰能无惑？惑而不从师，其为惑也，终不解矣。生乎吾前，其闻道也，固先乎吾，吾从而师之；生乎吾后，其闻道也，亦先乎吾，吾从而师之。吾师道也，夫庸知其年之先后生于吾乎[2]？是故无贵无贱，无长无少，道之所存，师之所存也。（韩愈《师说》[3]）

【注释】

①受：通“授”。

②庸知：难道要知道。转义为何必知。庸，难道。

③《师说》：唐代韩愈著。当时人们以有师为耻，韩愈力反众议，主张求师、为师，认为“古之学者必有师”，并认为师的任务是传道、授业、解惑。

【译文】

古代求学的人一定都有老师。老师，是来传播大道、教授学业、解除疑惑的。谁都不是生而知之的人，怎能没有疑惑？有疑惑却不找老师，他的疑惑就永远不能解除。生在我前面，他通晓大道，固然比我早，我就以他为师；生在我后面，他通晓大道，如果比我早，我也拜他为师。我要学的是道，何必要知道他的年龄是比我大还是比我小呢？所以不论贵贱，不论老少，道在哪里，老师就在哪里。

点评

知识是人类进步的阶梯。老师是最重要的知识传授者。这个道理，一般人都能懂得。但是善于向别人学习，主动发现和寻找老师，就不是容易的事了。有些人以年长自居，以官高自居，以资格老自居，不愿向别人学习，甚至贬低别人、嫉妒别人。这样的人，在孔子、韩愈这些伟大的思想家面前应该感到羞愧。

以伟大自居者，一定渺小；不以伟大自居者，却往往伟大。自古皆然，将来也不会变。

述而 7.28

子曰："盖有不知而作之者，我无是也。多闻，择其善者而从之；多见而识之。知之次也[①]。"

【注释】

①知之次：次一等的知。孔子认为，第一等的"知"是生而知之。

【译文】

孔子说："大概有一种不懂得就去做的人，我没有这种毛病。多多地听，选择其中好的加以接受；多多地看，并且记住它们。这是仅次于'生而知之'的。"

扩展阅读

孟子曰："人之所不学而能者，其良能也；所不虑而知者，其良知也。孩提之童[1]，无不知爱其亲者；及其长也，无不知敬其兄也。……"（《孟子·尽心上》）

【注释】

①孩提：开始会笑、可提抱的幼儿。

【译文】

孟子说："人不经过学习就能做的，是他的良能；不需要思考就能知道的，是他的良知。两三岁的小孩子，没有不知道爱自己父母的；等到长大了，没有不知道尊敬兄长的。……"

点评

人都是通过闻见而学习的。生而知之者只是古人理想或者想象中的人物，这样的人物事实上是不存在的。孔子总说自己是通过学习、通过博闻多见获得知识，这是符合实际的。在这一点上，孔子是个实事求是的人。

孟子说的良知、良能，其实也是不存在的。刚刚会笑的小孩子喜爱自己的父母，那是因为父母抚养他。即使猫儿狗儿，谁养了它两三年，它也知道和谁亲近，何况是人？孟子没说"孩提之童"就知道敬其兄，看来这就不是与生俱来的良知。"及长"才知敬其兄，分明是受到了兄长照顾的结果。

孟子在这里的观察只可说是一种浮浅的观察。

子罕 9.4

子绝四：毋意[①]，毋必[②]，毋固[③]，毋我[④]。

【注释】

①意：臆测，凭空猜想某事。
②必：武断，无根据地认为某事一定如何。
③固：固执，坚持自己未必正确的主张，不加改变。
④我：自以为是，听不进别人的意见。

【译文】

孔子没有那四种缺点，他不臆测，不武断，不固执，不主观。

扩展阅读

故治之要在于知道。人何以知道？曰：心。心何以知？曰：虚壹而静[①]。心未尝不臧也[②]，然而有所谓虚；心未尝不满也，然而有所谓一；心未尝不动也，然而有所谓静。人生而有知，知而有志，志也者，臧也；然而有所谓虚，不以所已臧害所将受谓之虚。心生而有知，知而有异，异也者，同时兼知之。同时兼知之，两也，然而有所谓一，不以夫一害此一谓之壹。（《荀子·解蔽》）

【注释】

①壹：与“所谓一”的“一”均指专一。

②臧：通“藏”。

【译文】

所以治国的根本在于懂得大道。人如何能够懂得大道？回答是：通过心。心如何懂得大道？回答是：心要虚空、专一，而且宁静。心不会没有容纳，容纳之后才会有所谓的虚；心中不会不充满，充满之后才会有所谓的专一；心不会不活动，活动之后才会有所谓的宁静。人生下来就有知觉，有知觉就有思想，思想就是容纳；然后才虚，不因为自己心里原容纳的想法防碍将要接受的事物叫做虚。心本来就有知觉，有知觉就会有差别，差别，就是同时知道不同说法。同时知道不同说法，就是两，然后才会有专一。不因为那一方面防碍这一方面的认识叫作专一。

点评

人要能作出正确决断，不臆测、不武断、不固执、不主观，是非常重要的。年轻人求知欲强，争胜心也强。由于阅历不丰富，主观、臆测的缺点比较容易出现；武断、固执的缺点也时有发生。

克服这种缺点的办法，荀子认为是要“虚壹而静”，即虚心、专一和排除杂念。然而这也是说起来容易，做起来困难，需要长期培养和锻炼。

子罕 9.8

子曰："吾有知乎哉[①]？无知也。有鄙夫问于我[②]，空空如也[③]，我叩其两端而竭焉[④]！"

【注释】

①有知：指对问题有所了解。

②鄙夫：这里指庄稼汉。

③空空如也：对所问问题茫然无知的样子。

④叩：考察。　竭：尽量。

【译文】

孔子说："我有知识吗？没有。有个庄稼汉来问我，我对他的问题茫然无知，我从问题的两头进行考察，然后尽量回答他。"

扩展阅读

天下之变万，而要归于两端。两端生于一致。故方有美而方有恶，方有善而方有不善。（王夫之《老子衍》第二章[1]）

【注释】

①《老子衍》：明末王夫之著。王夫之认为，明代的灭亡是由于王守仁的学说败坏人心，而王守仁学说的基础是老子和庄子的思想，所以他用发挥老子思想的方式批判老子。衍，增长、发挥。

【译文】

天下万物千变万化，但从根本上可以归结为两端对立。对立的两端产生于统一。所以正是有了美才有了丑，正是有了善才有了恶。

点评

一个人不可能周知一切。对于许多问题，往往是茫茫然、空空如也。但是，如果从正反、前后、左右、来去、始末等两端加以考察，就能有所了解。这个方法，是从无知变有知的一个好方法。

有人认为，事物的存在不仅是两端对立，在两端之间，还有一个中。所以任何事物可以一分为三，即两端加一个中。然而，中相对于左是右，相对于右是左。所以，千变万化的对立，都可归结为两端对立。从两端考察，也就考察了事物的全部。

子罕 9.17

子在川上[①]，曰："逝者如斯夫[②]！不舍昼夜。"

【注释】

①川：河。

②斯：这个，此处指水。

【译文】

孔子站在河岸上，感慨地说："一切都像流水一样，昼夜不停地飘逝了。"

扩展阅读

《易》之为书也不可远，为道也屡迁。变动不居，周流六虚[1]，上下无常，刚柔相易。不可为典要，惟变所适。（《周易·系辞下》[2]）

【注释】

①六虚：《周易》有六十四卦，每卦六爻（六画），称六虚。卦爻合起来，象征天地间的一切事物。

②《周易》：儒经之一，分经、传两个部分。经大约成于周代初年，传成于战国时代。经是占卜书，传是对占卜道理的阐释，在阐释中发展出在当时水平极高的哲学。

【译文】

《易》这本书所阐释的道不脱离实际，常常处在不断变化当中。它变动而不常住，周流于六虚之中，上下没有固定位置，刚柔互相替代。不能以此作为规则，关键在于与变动相适应。

点评

不少人把“逝者”理解为时光的流逝，其实理解为感叹万物的变迁当更贴切。万物的变化，像流水一样昼夜不停。孔子感慨于此，自然也包括对时光流逝和生命短暂的惋惜。

万物变迁，时光流逝，生命短暂，这是任何人都不难发现的。然而如何对待这短暂的生命，人们却有着不同的态度。孔子对人生采取了最积极的态度。他终生孜孜追求，到老不衰。这样的态度是一切积极有为、奋发向上的人都应该采取的。

子罕 9.21

子谓颜渊，曰："惜乎！吾见其进也，未见其止也。"

【译文】

孔子评论颜回，说："可惜啊（他死了）！我只看见他不断进步，没见他有停止的时候。"

扩展阅读

天行健[1]，君子以自强不息。(《周易·乾·象传》)

【注释】

①健：刚劲有力，周流不停。

【译文】

天的运行刚劲而不停止，君子以此为榜样而自强不息。

点评

孔子称赞颜回只求进步而不停止，其实他自己也是这样的人。《周易·乾·象传》说，君子应该像天的不停运行一样自强不息，也是孔子这种精神的体现。

子罕 9.23

子曰："后生可畏[1]，焉知来者之不如今也？四十、五十而无闻焉[2]，斯亦不足畏也已。"

【注释】

①可畏：可怕，此处指值得重视。

②无闻：不被人所知，意为没有什么成就。

【译文】

孔子说："年轻人应该受重视，怎么知道他们的将来就不如现在的人呢？到四十、五十岁还没有什么名望，这就不值得重视了。"

扩展阅读

孟子曰："孔子登东山而小鲁[1]，登太山而小天下[2]。故观于海者难为水，游于圣人之门者难为言[3]。观水有术，必观其澜。日月有明，容光必照焉。流水之为物也，不盈科不行[4]。君子之志于

道也，不成章不达。”（《孟子·尽心上》）

【注释】

①东山：鲁国都城（今山东曲阜）东面的一座高山，有人认为就是山东境内的蒙山。

②太山：即泰山。

③言：理论。

④科：坑洼。

【译文】

孟子说：“孔子登上东山就觉得鲁国小，登上泰山就觉得整个天下都不大。所以，看到海的人就难以把别的水称之为水，在圣人那里学习过的人就难以把别的理论称之为理论了。看水有个方法，一定要看水的波澜。日月都有光辉，凡是能容纳光明的地方它都能照到。流水这种东西，不注满坑洼就不再向前。君子志在弘扬大道，如果不能处处贯通，也就不能通达。

点评

作为年长者，应该重视年轻人。年轻人的将来，确实很难限量。从历史的发展看，年轻一代超越上一代，是一种必然。孔子对年轻人的看法是合乎实际的。当然，不是所有的年轻人都能超越上一代。一个人到四十、五十岁还没有什么可称道的成就，以后也就不会有什么成就了。不过这也只能是一般情况，四五十岁以后才有成就的人也是有的，关键在于自己如何努力。

孟子的话，可以理解为站得高才能看得远。一个人，应该知道山外有山，不要盲目自傲；但也要敢于登高山、有大志，不陶醉于一点小小的成就。活到老，学到老，奋斗到老。那么，这个人的一生一定会为人类作出应有的贡献。

先进 11.25

子路使子羔为费宰①。子曰："贼夫人之子。"子路曰："有民人焉，有社稷焉②。何必读书，然后为学！"子曰："是故恶夫佞者③。"

【注释】

①子羔：姓高，名柴，字子羔，孔子弟子。　费（bì）：鲁国的一个城邑。　宰：主官。

②社稷：土神和谷神，是中国古代国家和地方的守护神。祭祀社稷，是古代君主和地方官的重要职责。

③恶（wù）：讨厌。　佞（nìng）：口舌伶俐。

【译文】

子路让子羔去做费邑的主官。孔子说："这是害了人家的孩子。"子路说："那里有人民，有社稷。何必只有读书才叫作学问！"孔子说："所以我讨厌那些无理狡辩的家伙。"

扩展阅读

学恶乎始[1]？恶乎终？曰：其数则始乎诵经[2]，终乎读礼[3]。其义则始乎为士，终乎为圣人。真积力久则入，学至乎没而后止也。(《荀子·劝学》)

【注释】

①恶（wū）：疑问代词。

②数：规则，方法。

③读：此处指研究。

【译文】

学习从哪里开始？到哪里为止？回答是：学习的方法是从读经开始，到研究礼仪为止。学习的意义是从做士开始，到做圣人为止。真正长期致力于学习、积累日久，学习才能深入，学习到死才能停止。

点 评

子夏曾经说过，一个人如果能够孝顺父母，忠于君主，即使没有入学读书，也算是学过的。这样的意思，孔子大约也讲过，或者至少是赞成的。所以当子路为子羔辩护时，孔子就无话可说了。不过，从这里的意思看，孔子认为读书是必要的，不是可有可无的事。书本上没有的东西，只能在实践中边干边学。书本上有的，一定要读书。只要不把书上说的都当成绝对真理，生搬硬套，读书对人就是有好处的。

子路 13.4

樊迟请学稼[①]，子曰："吾不如老农。"请学为圃。曰："吾不如老圃。"樊迟出。子曰："小人哉，樊须也！上好礼，则民莫敢不敬；上好义，则民莫敢不服；上好信，则民莫敢不用情。夫如是，则四方之民襁负其子而至矣[②]，焉用稼？"

【注释】

①樊迟：名须，字子迟，孔子弟子。

②襁（qiǎng）：背孩子的兜儿。

【译文】

樊迟请求学习种庄稼，孔子说："我不如老农。"请求学习种菜。孔子说："我不如老菜农。"樊迟退了出去。孔子说："这个樊须真是个没出息的人啊，上面喜好礼仪，民众就没有敢不尊敬他的；上面喜好道义，民众就没有敢不服从他的；上面喜好信用，民众就没有敢隐瞒实情的。假如能做到这些，则四面八方的民众都会背着他们的孩子投奔过来，何必自己去种庄稼呢？"

扩展阅读

有大人之事[①]，有小人之事[②]。且一人之身，而百工之所为备，如必自为而后用之，是率天下而路也。故曰：或劳心，或劳力。"劳心者治人，劳力者治于人。治于人者食人，治人者食于人[③]。"

天下之通义也。(《孟子·滕文公上》)

【注释】

①大人：大人物。

②小人：普通人。

③食：音 sì。

【译文】

有大人物的事，有普通人的事。况且一人的生活，需要各种劳动部门为他提供用品。如果每件东西都要自己制造出来然后才用，这是率领天下人疲劳奔命。所以说：有人动脑，有人动手。“动脑的治理别人，动手的被别人治理。被别人治理的供给别人吃穿，治理别人的吃穿要依赖别人。”这是天下通行的法则。

点评

古代士人读书，其目的是出仕，即做官，来管理国家。这是他们的职责，也是社会发展不断分工的结果。如果一个士人不致力于如何治国，却要去种庄稼，就是不懂得自己的职责。孔子责备樊迟，孟子说有大人之事与小人之事之分，都是基于这样的时代背景。有人主张每个人都必须自种自吃、自织自穿等，在孟子看来则是一种倒退。孟子说，假如真的这样，大家都要整天在道路上奔波了。

现代的社会分工越来越细。一个人只要做好一份工作，坐在家里，就可以用自己的劳动交换自己所需要的东西。这种状况不可能再倒退回去了。

历史的发展往往是这样：本来是为社会服务的人，反而成为社会的统治者。然而，我们只能使社会继续前进来解决社会的不平等，倒退的办法解决不了问题。

子路 13.5

子曰："诵诗三百，授之以政，不达；使于四方，不能专对。虽多，亦奚以为？"

【译文】

孔子说："熟读了很多诗，交给他政事，不会；出使到别国，不能独立地应酬和谈判。即使读得多，又有什么用呢？"

扩展阅读

公孙丑曰："《诗》曰：'不素餐兮[1]。'君子之不耕而食，何也？"孟子曰："君子居是国也，其君用之，则安富尊荣；其子弟从之，则孝弟忠信。'不素餐兮'，孰大于是？"（《孟子·尽心上》）

【注释】

①不素餐兮：《诗经·魏风·伐檀》篇诗句。

【译文】

公孙丑说："《诗经》上说：'不白吃饭啊。'可君子们不耕种也能吃饭，为什么呢？"孟子说："君子呆在一个国家，君主任用他，国家就会安宁、富足，他自己也显得高贵和荣耀；年轻人追随他，就能学到孝顺父母、尊敬兄长、忠诚而守信的品德。'不白吃饭'，还有比这更好的吗？"

点评

诗歌是人们思想感情的表达，其中当然有对当政者的表扬或批评。执政者也当从中悟出该怎么做，不该怎么做。古代书籍少，没有专门的政治学、外交学，要从诗歌里悟出治国的道理。今天虽然不必如此，但能从书中悟出道理、而不是仅仅记住词句的要求，古今都是一样的。

孟子和公孙丑的对话，就是从诗歌中领悟治国道理的一例。

宪问 14.24

子曰："古之学者为己[①]，今之学者为人[②]。"

【注释】

①学者：求学的人。　为己：充实、提高自己。

②为人：做给别人看，炫耀自己。

【译文】

孔子说："古代的求学者为的是充实自己，今天的求学者为的是向人炫耀。"

扩展阅读

古之学者为己，今之学者为人。君子之学也，以美其身；小人之学也[1]，以为禽犊[2]。(《荀子·劝学》)

【注释】

①君子、小人：这里的君子、小人，包含着道德高低之分，不单是指社会地位。

②禽犊（dú）：礼品的替代词，如同今天说的烟酒。

【译文】

古代的求学者学习的目的是充实自己，今天的求学者学习的目的则是向人炫耀。君子求学，是用来使自己高尚；小人求学，则是靠它来赚取别人的礼物。

点评

学习的目的，本来就是为了充实提高自己。但有人在学习过程中往往忘记这个目的，或者向别人炫耀，或者和别人斗气。这都是既损害别人、也损害自己的行为。

在学习过程中，常会出现自己的成绩被人忽视、甚至被故意贬低的情况。这种情况是令人苦恼的。但也不可因此而伤心、嫉妒，甚至做出越轨的行为。自己只要学习，确实得到了充实和提高，那么，因此而产生的光芒是任何人也压制不住的。

鲁迅说："惟坚实者长在。"虚名、小利都是不能长久的。如果因贪虚名、占小利而忘大义，还可能身败名裂。

宪问 14.44

阙党童子将命[①]。或问之曰："益者与?"子曰："吾见其居于位也，见其与先生并行也。非求益者也，欲速成者也。"

【注释】

①阙（què）党：地名。 将命：在宾主之间传话。将，传达。

【译文】

阙党有个在宾主之间传话的年轻人。有人问道："他是个求上进的人吗?"孔子说："我见他大模大样地坐在位子上，又见他和长者并肩而行。他不是个求上进的青年，而是个急欲成名的人。"

扩展阅读

盆成括仕于齐[1]。孟子曰："死矣盆成括。"盆成括见杀，门人问曰："夫子何以知其将见杀？"曰："其为人也小有才，未闻君子之大道也，则足以杀其躯而已矣。"（《孟子·尽心下》）

【注释】

①盆成括：人名。盆成为姓，括为名。

【译文】

盆成括在齐国做官。孟子说："盆成括要死了。"盆成括被杀，弟子们问道："先生，您怎么知道他会被杀？"回答说："他这个人小有才气，但不懂君子的大道，这就足以招来杀身之祸了。"

点评

小孩子好在人前表现自己，青年人急于出人头地，都是成长期的积极表现，如同幼苗急于寻找阳光一样。但这也是一种缺点，不知克服，往往会毁灭自己。如果再多少有点才气，就更是危险了。

一个人有大志，还得有大量。有大量，就不会去炫耀那点小才，这才能成就大事业。

卫灵公 15.31

子曰："吾尝终日不食，终夜不寝，以思，无益，不如学也。"

【译文】

孔子说："我曾经整天不吃饭，整夜不睡觉，进行思考，没有效果，还不如去学习。"

扩展阅读

孟子曰：“博学而详说之，将以反说约也。”（《孟子·离娄下》）

【译文】

孟子说：“广博地学习，详细地解说，为的是能够用自己的话简明地概括大义。”

点 评

前面曾经讨论过学与思的问题。从这一章看，孔子实际上是主张学比思更加重要。学，是思的原料、基础。原料必须经过加工，但没有原料，就无从思索。

孟子的意思是说，在广博学习的基础上，把自己学过的详细转述，就要经过一番思索、消化的过程。其目的，是进行概括、总结，认识广博背后简要却又贯通的基本道理。

如果没有广博的知识，即使学来那些基本道理，也只能是像小孩子学舌一样转述，其实并没有真正吸收。

卫灵公 15.32

子曰：“君子谋道不谋食。耕也，馁在其中矣[①]；学也，禄在其中矣[②]。君子忧道不忧贫。”

【注释】

①馁（něi）：饿肚子。

②禄：俸禄，古代国家给官吏的报酬。

【译文】

孔子说：“君子用心力于学术，不用心力于衣食。耕种，也常常要饿肚子；学习，常常得到俸禄。君子只着急得不到道，不着急得不到财。”

扩展阅读

周霄问曰[①]：“古之君子仕乎[②]？”孟子曰：“仕。《传》曰[③]：‘孔子三月无君，则皇皇如也。出疆必载质[④]。’公明仪曰[⑤]：‘古之人三月无君则吊[⑥]。’”

“三月无君则吊，不以急乎？”曰：“士之失位也，犹诸侯之失国家也。……”

“士之仕也，犹农夫之耕也。……”

“古之人未尝不欲仕也，又恶不由其道。不由其道而往者，与钻穴隙之类也[⑦]。”（《孟子·滕文公下》）

【注释】

①周霄：魏国人。

②君子：贵族中的成年男子。

③传（zhuàn）：对文献的一般称呼。

④质：即贽，以手执持去拜见人的礼物。古代规定，士人之质一般为雁。

⑤公明仪：鲁国贤者。

⑥吊：慰问。

⑦钻穴隙：通过墙洞之类偷偷窥看，指男女不经父母同意就相互爱恋。

【译文】

周霄问道："古代的君子出来做官吗？"孟子说："做官。《传》上说，孔子要是几个月没有君主侍奉，就会惶惶然很着急。离开自己的国境，车上一定要装载着拜会君主时使用的礼物。公明仪说：'古代人几个月没有君主侍奉就要有人来慰问他。'"

"几个月没有君主侍奉就来慰问，是不是着急了点儿？"孟子说："士失去官位，就像诸侯失去国家。……"

"士人们做官，就像农民要耕种。……"

"古代人未尝不愿出来做官，但讨厌不走正道。不走正道去做官，就和钻墙洞私会相同。"

点评

士人把出仕作为自己的职业。由于士多官少，竞争自然非常激烈。于是，有人就用不正当的手段，比如投君主所好，或者向当权者行贿。正直者如孟子等，则主张士人应该以正确手段出仕，否则就是极不道德的行为。

季氏 16.9

孔子曰："生而知之者，上也；学而知之者，次也；困而学之，又其次也；困而不学，民斯为下矣。"

【译文】

孔子说："生来就知道的，是上等；学习然后知道的，是次一等；遇到困难才去学习，又次一等。遇到困难也不学习，老百姓就是这种下等的了。"

扩展阅读

孟子曰：“人之所以异于禽兽者几希，庶民去之，君子存之。”(《孟子·离娄下》)

【译文】

孟子说：“人和禽兽的差别非常小，民众丢掉了这种差别，而君子却保存下了它。”

点评

从孔子开始，所有的儒者都是“君子”阶层的人物。他们对君子这个阶层很了解，为君子们辩护得也很好。比如说，君子出仕如农夫耕种，并不是卑鄙的行为。但是对于民众，他们的了解就差得多了。在他们看来，民众都愚昧无知，“名虽为人，而实无异于禽兽”（朱熹《孟子集注·离娄下》)。汉代董仲舒说，民即瞑，就是愚昧的意思。他们不知道，民并不是遇到困难也不愿学习，甘愿在愚昧中度日，而是没有条件学。

社会发展到现在，教育已经普及到一般民众，但仍有不少处于困境而不能学习的人。我们盼望着，社会的进步终能消除这种不平等、不合理的现象，使愿意学习的人都能得到学习的机会。

阳货 17.3

子曰："惟上知与下愚不移。"

【译文】

孔子说："只有上等的智者和下等的愚人是改变不了的。"

扩展阅读

上智下愚，习与性相远既甚而不可改变者也。(张载《正蒙·诚明篇》[1])

【注释】

①《正蒙》：北宋著名儒者张载著。书名取《周易·蒙卦·彖传》"蒙以养正"义。张载的目的，就是要用自己讲述的天地人物的道理，引导人们走入正道。

【译文】

上等的聪明者与下等的愚昧者，在习性上相差很远而不可改变。

点评

孔子的"上智与下愚不移"，确实反映了古代文化归属社会上层，而下层民众不占有文化的实际状况，而且当时也看不到有改变这种状况的可能。张载对孔子的话作出了解释，这个解释大体也是不错的。就是说，由于"习"，即所操持的职业不同，以致他们的"性"，这里指智慧状况，相差越来越远。

一般说来，人类创造的文化成果，总是要先由上层社会享用，然后才能普及到民众。因此，文化普及的程度是一个社会进步状况的标准和尺度。

今天的社会，文化的普及程度逐渐提高，但是原有的差别依然存在。而这种差别消失的那一天，就是人类普遍幸福到来的日子。

张载说，智慧和愚昧的差别是由于"习"，也就是说，文化上的愚昧状况是可以改良的。那些处于文化落后状态的人们，应该有志气去改变自己的落后状况。

阳货 17.8

子曰："由也，女闻六言六蔽矣乎[1]？"对曰："未也。""居，吾语女。好仁不好学，其蔽也愚；好知不好学，其蔽也荡；好信不好学，其蔽也贼；好直不好学，其蔽也绞；好勇不好学，其蔽也乱；好刚不好学，其蔽也狂。"

【注释】

①六言：就是六个字。这六个字说的是"仁""知""信""直""勇""刚"六种德行。言，即字，一字为一言。

【译文】

孔子说："仲由啊，你听说过有六种品德，便会有六神弊病吗？"仲由回答道："没有。""坐下，我告诉你。好仁德却不好学习，它的弊病是容易被愚弄；好聪明却不好学习，它的弊病是放荡；好信用却不好学习，它的弊病是容易伤害自己；好直率却不好学习，它的弊病是说话容易刺伤别人；好勇敢却不好学习，它的弊病是作乱扰民；好刚强却不好学习，它的弊病是狂傲自大。"

扩展阅读

仁人无敌于天下。(《孟子·尽心下》)

【译文】

仁爱的人天下无敌。

点 评

孔子是主张仁爱的，但是孔子又清楚地看到，仅仅讲仁，会有它的弊病。其他德行，也是如此。孔子认为，要克服这些弊病，必须进行学习。比如仁吧，必须通过学习明白怎样做是仁，才能在实行仁爱时不至于被别人愚弄。不然的话，只知道仁是爱，就稀里糊涂地爱起来，一定会做许多蠢事。这一点，在其他德行上也是一样。

在这一点上，孟子就不如孔子。孟子只讲仁是如何的伟大和威力无比，却不讲仁的弊病。

然而，如今还有人只讲仁的好处，却讲不清什么是仁。如果真要照他们说的干起来，非干蠢事不可。

孔子论孝

学而 1.11

子曰："父在，观其志；父没[①]，观其行；三年无改于父之道，可谓孝矣。"

【注释】

①没：音 mò。

【译文】

孔子说："父亲活着的时候，（因为他无权独立行动，）要观察他的志向；父亲去世了，要考察他的行为；若是他对他父亲的合理部分，长期地不加改变，就可以称得上是孝了。"

扩展阅读

孟子曰："不孝有三，无后为大。"（《孟子·离娄上》）

【译文】

孟子说："不孝的表现有三种，其中没有儿子是最重要的一种。"

点评

孝，是儒家最重要的道德原则，也是今天人们十分关注的传统道德。然而，什么是孝，却很少有人能说清楚。孔子说，仁、义、智、信、直、勇等道德，都有自己的弊病。克服的办法就是学。孔子在这里没有讲到孝，但依此类推，则孝和六言一样，也应如此。

孔子对孝的第一个要求是：长期不改变他父亲办事的合理部分。而孟子的一条重要要求则是要有儿子。在他看来，没有儿子是最大的不孝。

为政 2.5

孟懿子问孝[①]。子曰："无违。"樊迟御[②]，子告之曰："孟孙问孝于我，我对曰：'无违'。"樊迟曰："何谓也？"子曰："生，事之以礼；死，葬之以礼，祭之以礼。"

【注释】

①孟懿（yì）子：鲁国大夫仲孙氏，名何忌。孔子又称他为孟孙。

②御：赶车。

【译文】

孟懿子问什么是孝。孔子说："不要违背礼仪。"樊迟为孔子赶车，孔子告诉他说："孟孙问我什么是孝，我回答他说：'不要违背礼仪'。"樊迟问："这是什么意思？"孔子说："（父母）活着，按照礼制去侍奉他们；去世了，就要按照礼制埋葬和祭祀他们。"

扩展阅读

孟子曰："……曾子曰：'生，事之以礼；死，葬之以礼[①]，祭之以礼，可谓孝矣。'诸侯之礼，吾未之学也；虽然，吾尝闻之矣：三年之丧，齐疏之服[②]，飦粥之食[③]，自天子达于庶人，三代共之[④]。"（《孟子·滕文公上》）

【注释】

①“死，葬之以礼”句：孟子把孔子告诉樊迟的话说成是曾子说的。朱熹认为，可能是曾子经常给弟子们这样讲。由此也可见这个原则的重要。

②齐（zī）疏（shū）之服：用粗麻布制成的、缝边的丧服。齐：衣服下缝。此处指齐衰（cuī），缝边的丧服。疏，粗布。

③饘（zhān）：粥。

④三代：一般指夏、商、周三个朝代，是儒家向往的美好的古代。

【译文】

孟子说：“……曾子说：‘（父母）活着的时候，按照礼制侍奉；去世了以后，按照礼制埋葬，按照礼制祭祀，这就是孝了’。诸侯的礼制，我虽然未学过，但曾经听说过：要服丧三年，穿粗制的衣服，喝稀的粥食，从天子到普通民众，夏、商、周三代都是这样做的。”

点评

这是孝的又一重要内容，即依照礼制来对待父母。

礼制不是通常所理解的礼貌，而是一种制度和规定，比如父母去世，应该穿什么丧服，穿多长时间，喝几天稀粥……假如违背这些规定，就是不孝。

古代规定，为父母服丧，一般为三年。这三年之内，当官的要辞官回家守丧，并且需要搭个草棚，住在父母的坟边，不准办其他的事。这也是孝的重要内容。

为政 2.7

子游问孝[1]。子曰："今之孝者，是谓能养。至于犬马，皆能有养。不敬，何以别乎？"

【注释】

①子游：姓言，名偃，字子游，孔子弟子。

【译文】

子游问什么是孝。孔子说："现在所说的孝道，不过是说能养活父母就行了。至于狗马，人也能够养活它们。如果对父母不尊敬，养活父母与饲养狗马又有什么区别呢？"

扩展阅读

子曰："爱亲者，不敢恶于人。敬亲者，不敢慢于人。爱敬尽于事亲，而德教加于百姓，刑于四海[1]。盖天子之孝也。"（《孝经·天子章第二》[2]）

【注释】

①刑：效法。

②《孝经》：儒经之一，据说是孔子给弟子曾参讲述孝道的书。古人认为，治天下应以孝为本，因而，《孝经》受到特别重视。其他儒经比较难读，但《孝经》易懂，皇帝甚至常常派儒者向宫廷卫士讲授。

【译文】

孔子说："热爱自己父母的，不敢对别人不好。尊敬自己父母的，不敢怠慢别人。热爱和尊敬父母能充分表现出来，并且使道德教化落实到百姓身上，使四海之人也纷纷效法。这就是天子的孝道。"

点 评

儒家所说的孝，不仅仅是养活父母。在他们看来，如果仅仅是养活父母，那和养狗养马又有什么区别呢？他们认为，二者真正的区别在于敬。敬，是养狗养马所不必要的，却是孝道的基本内容。

至于什么叫敬，这里没有说。而儒家的孝道有许多内容，从天子到普通百姓，其内容也不完全相同。这里所介绍的天子之孝，是要用自己对父母的敬爱影响全国百姓，甚至边远地区的人们，从而使国家秩序井然，统治得到巩固。

里仁 4.18

子曰："事父母几谏[1]。见志不从，又敬不违，劳而不怨。"

【注释】

①几（jī）：轻微。

【译文】

孔子说："侍奉父母可以委婉劝说。看到父母不接受，仍要恭敬而不违抗他们，即使劳苦也不能抱怨。"

扩展阅读

曾子曰："若夫慈爱恭敬，安亲扬名，则闻命矣。敢问子从父之令，可谓孝乎？"

子曰："是何言与？是何言与？昔者天子有争臣七人[1]，虽无道[2]，不失其天下。诸侯有争臣五人，虽无道，不失其国。大夫有争臣三人，虽无道，不失其家。士有争友，则身不离于令名。父有争子，则身不陷于不义。故当不义，则子不可以不争于父，臣不可以不争于君。故当不义则争之。从父之令，又焉得为孝乎？"（《孝经·谏争章第十五》）

【注释】

①争：也作诤。

②无道：不按正确原则行事。

【译文】

曾子说："对父母要亲爱恭敬，使父母安宁，自己扬名后世（使父母荣耀），都已经知道了。请问儿子顺从父亲的意志，可以算做孝吗？"

孔子说："这算什么话呢？这算什么话呢？古代天子若有七位敢于争论的臣子，虽然不按正确原则办事，也不会丢失天下。诸侯若有五位敢于争论的臣子，虽然不按正确原则办事，也不会丢失他的封国。大夫有三位敢于争论的臣子，虽然不按正确原则办事，也不会丢失他的家。士有敢于争论的朋友，自己就不会丢掉好名声。父亲有敢于争论的儿子，自己就不会堕落到非正义的地步。所以遇到不符合道义的情况，儿子不可不和父亲争论，臣子不可不和君主争论。（仅仅）顺从父亲的意志，又怎么能够算是孝呢？"

点评

这是孝的又一内容。当父母不按正确原则办事的时候，应该劝阻，这是对的。但是孔子主张当劝而不止时，只能顺从；《孝经》则未讲劝而不止时如何做。父母不按正确原则办事时，儒家的主张未免太软弱了。

里仁 4.19

子曰："父母在，不远游①。游必有方。"

【注释】

①游：过去出外做官、求学，也叫做游。做官叫游宦，求学叫游学。

【译文】

孔子说："父母活着的时候，不应该出远门。（假如一定要到远方，）一定要说明去处。"

扩展阅读

夫为人子者，出必告，反必面[①]。所游必有常，所习必有业。(《礼记·曲礼上》)

【注释】

①面：当面告诉。

【译文】

做儿子的，外出一定要报告，返家一定要当面告诉父母。所去要有稳定的处所，所操持一定要有稳定的职业。

点评

古代交通不便，为了照顾父母的生活，所以主张儿子外出不要太远，以便父母有事时召唤。不过即使在孔子时代，这一条也难以实行了。所以孔子加了一句，假如要到远方，一定要有个去处。

现在交通虽然方便了，但是儿女外出，特别是要到远方去，也有必要告诉父母去处，并且要经常联系，报告自己的情况。

这一条也说明，古代孝道的内容是根据当时的社会生活制定的。

里仁 4.21

子曰："父母之年，不可不知也。一则以喜，一则以惧。"

【译文】

孔子说："父母的年龄，不可以不知道。一面因此而欢喜，一面因此而忧虑。"

扩展阅读

在上不骄[1]，高而不危。

制节谨度[2]，满而不溢[3]。高而不危，所以常守贵也。满而不溢，所以常守富也。富贵不离其身，然后能保其社稷，而和其民人。盖诸侯之孝也。(《孝经·诸侯章第三》)

【注释】

①骄：傲慢无礼。

②制节：生活有节制。　谨度：遵守制度。

③溢：奢侈。

【译文】

在人之上而不傲慢无礼，地位崇高而不危险。

生活俭朴，遵守制度，富足但不奢侈。地位高而不危险，才是长保尊贵的途径；富足但不奢侈，才是长保富裕的途径。富裕和尊贵不离开自己，然后就能保存自己的国家，并且使人民和睦。这就是诸侯的孝道。

点 评

儿女的年龄，父母没有不知道的。知道父母年龄的儿女，却不是很多。要求儿女知道父母的年龄，一则会因为父母的长寿而欢喜，二则也会因为父母的年老而担忧。无论是欢喜还是担忧，都说明儿女对父母的关心。

古代做了诸侯的，为什么把保住自己的国家作为尽孝的基本内容，这的确耐人寻味。有兴趣者可以想一想。

子路 13.18

叶公语孔子曰[①]："吾党有直躬者[②]，其父攘羊，而子证之。"孔子曰："吾党之直者异于是。父为子隐，子为父隐，直在其中矣。"

【注释】

①叶公：楚国叶县长官沈诸梁，自称公爵（公、侯、伯、子、男五等爵位中最高的一等）。

②直躬：行事正直者。

【译文】

叶公对孔子说："我们乡里有个行事正直的人，他的父亲偷了人家的羊，他作为儿子去告发了父亲。"孔子说："我们乡里的正直者与此不同。父亲为儿子隐瞒，儿子为父亲隐瞒，正直就包含在其中了。"

扩展阅读

子曰："五刑之属三千[①]，而罪莫大于不孝。要君者无上，非圣人者无法[②]，非孝者无亲。此大乱之道[③]也。"（《孝经·五刑章第十一》）

【注释】

①五刑：指墨、劓（yì）、剕（fèi）、宫和大辟五种刑罚。

三千：此处指条令繁多。

②法：此处指圣人制定的基本原则。

③道：途径，转义为根源。

【译文】

孔子说："五刑之类的条目非常繁多，却没有比不孝更大的罪恶。要挟君主是无视长上，诽谤圣人是无视基本准则，诽谤孝道是无视父母的存在。这都是导致祸乱的根源。"

点评

什么叫正直？理解是不一样的。道德还是不道德也因时因地而异。在孔子看来，最大的道德是孝，最大的罪恶是不孝。没有孝，儿子就要反对父亲，臣子就要反对君主，天下就要大乱。所以为了父亲的小罪而去触犯大罪，为了一点小德而去危害大德，是不可以的。孔子认为，父子互相隐瞒才是正直。

依据孔子的原则，从汉代起，法律曾经规定，儿子为父亲报仇而杀人可以不受惩罚。然而这样一来，私人复仇，辗转相杀，都不顾国家法律，反而造成大乱，所以后来的法律逐渐取消了这一条。但"不孝"仍然被视为"十恶"之一。

阳货 17.21

宰我问："三年之丧，期已久矣。君子三年不为礼，礼必坏；三年不为乐，乐必崩。旧谷既没，新谷既升，钻燧改火①，期可已矣②。"子曰："食夫稻③，衣夫锦，于女安乎？"曰："安。""女安则为之！夫君子之居丧，食旨不甘，闻乐不乐，居处不安，故不为也。今女安，则为之！"宰我出，子曰："予之不仁也！子生三年，然后免于父母之怀。夫三年之丧，天下之通丧也。予也有三年之爱于其父母乎？"

【注释】

①钻燧改火：古代钻木取火，一年四季所用的木材不同。每年一个轮换，所以宰我用钻木改火比喻周年。燧，取火所用的木材。

②期（jī）：一年。

③稻：米饭。

【译文】

宰我问："要用三年为父母守丧，时间也太长了吧。君子三年不练习礼仪，礼仪必然被废弃；三年不练习音乐，音乐必然会忘却。旧粮食已经吃完，新粮就已上场，取火用的燧木轮换，一年也就够了。"孔子说："（父母去世不到三年，你就）吃白米饭，穿锦绣衣，你心安吗？"宰我说："心安。""你心安就那样做吧！君子在守丧期间，吃甜的不甜，听音乐不快乐，坐卧不宁，所以不会这样做的。现在你心安，你就那样做好了！"宰我离开后，孔子说："宰我多么不仁啊！儿女生下来三年后，才能离开父母的怀抱。为父母守丧三年，是天下共同遵守的。宰我难道未得到过父母三年的爱抚吗?”

扩展阅读

资于事父以事母[1]，而爱同；资于事父以事君，而敬同。故母取其爱，而君取其敬，兼之者，父也。故以孝事君则忠，以敬事长则顺。忠顺不失，以事其上，然后能保其禄位，而守其祭祀。盖士之孝也。(《孝经·士章第五》)

【注释】

①资：参照。

【译文】

用侍奉父亲的心侍奉母亲，相同的是亲爱；用侍奉父亲的心侍奉君主，相同的是尊敬。对于母亲采取的是亲爱，而对于君主采取的是尊敬，二者兼备的是对于父亲。因此，以孝侍奉君主就会忠诚，以尊敬侍奉长上就会顺从。忠诚和顺从不失去，并以此侍奉长上，然后就能保持自己的官位，延续自家的祭祀。这就是士人的孝道。

点评

守丧是一种表现于外的孝行，容易被人了解，所以实际上守丧时的表现就成为判断某人孝与不孝最重要的标志。然而，守丧期太长，弄虚作假者也会钻空子，做出虚伪的举动来。

子张 19.18

曾子曰："吾闻诸夫子：孟庄子之孝也[1]，其他可能也。其不改父之臣与父之政，是难能也。"

【注释】

①孟庄子：鲁国大夫，名速。他的父亲孟献子治家有方，所以他仍然用父亲的臣子，不改变父亲的政策。

【译文】

曾子说："我听夫子说过：孟庄子的孝，别的都可能做到。他留用父亲所用的臣仆和不改变父亲的政策，这些是不易做到的。"

扩展阅读

非先王之法服不敢服[①]，非先王之法言不敢道[②]，非先王之德行不敢行。是故非法不言，非道不行。口无择言，身无择行。言满天下无口过，行满天下无怨恶。三者备矣，然后能守其宗庙，盖卿大夫之孝也。(《孝经·卿大夫章第四》)

【注释】

①先王：古代的君主。儒家把古代君主的言行作为自己的榜样。 法服：衣服的样式表示社会地位的高低，依规定制做的衣服称法服。

②法言：合乎原则的言论。

【译文】

不是先王规定的服装不敢穿，不是合乎先王法则的言论不敢说，不是先王实行过的德行不敢行。所以违背原则的话不说，违背正道的事不做。口不必选择言论，身体不必选择行为。言论流传天下不会有过错，行为流传天下不会召致怨恨。三方面都做好了，然后就能保持自家的宗庙。这是卿大夫的孝道。

点评

儿子不改变父亲的政策，可以保持政策的连续，从而维护社会的安定。古代社会，保持社会安定和统治的稳固，正是统治者关心的基本问题。然而即使在古代社会，不改变父亲政策的事也是难以做到的，所以孔子才称赞孟庄子。不过假如父亲的政策不好，即使孟庄子也难以坚持父亲的政策了。

在社会变化如此之快的今天，把保持作为基本原则，就更加难以行得通了。

孔子论仁

学而 1.2

有子曰[1]："其为人也孝弟[2]，而好犯上者，鲜矣；不好犯上，而好作乱者，未之有也。君子务本，本立而道生。孝弟也者，其为仁之本与！"

【注释】

①有子：孔子学生，姓有，名若。

②弟（tì）：通"悌"，顺从兄长。

【译文】

有子说："一个孝顺父母，敬爱兄长的人，却喜欢冒犯上级，是非常罕见的。不好冒犯上级，却好制造动乱的人，也从来没有过。君子致力于事物的根本。根本一树立，就会由此产生道义。孝悌啊，大约是实行仁德的根本吧。"

扩展阅读

子曰："君子之事亲孝，故忠可移于君。事兄悌，故顺可移于长。居家理，故治可移于官。是以行成于内，而名立于后世矣。"（《孝经·广扬名章第十四》）

【译文】

孔子说："君子侍奉父母孝顺，这忠诚可以转移到君主身上。侍奉兄长顺从，这顺从可以转移到兄长辈身上。把家治理得好，这治理可以转移到治理政事。所以德行成就于心中，声名就会传播到后世。"

点评

古人提倡孝道，不单是为了父母，也是为了治国。所以古代有不少人把孝道作为治国的基本方针，"以孝治天下"。一个孝顺父母、尊敬兄长的人，是不会犯上作乱的。而不会犯上作乱，就是实行仁德的根本。

学而 1.3

子曰："巧言令色[①]，鲜矣仁。"

【注释】

①令：和善。　色：脸色，此处指伪善的面貌。

【译文】

孔子说："花言巧语，伪善的外貌，这种人是很少能有仁德的。"

扩展阅读

孟子见梁惠王[1]。王曰："叟！不远千里而来，亦将有以利吾国乎？"孟子对曰："王何必曰利？亦有仁义而已矣。"（《孟子·梁惠王上》）

【注释】

①梁惠王：战国时魏国的君主。魏国都城在大梁（今开封一带），所以也称梁。惠，是他死后的谥号。

【译文】

孟子进见梁惠王。惠王说："老人家，您不远千里而来，将对我的国家有很大的利处吗？"孟子回答说："大王何必要说什么利益呢？只讲仁义就可以了。"

点　评

在孔子看来，一个花言巧语、善于谄媚作态的人，是不可能有仁德的。宋代著名儒者程颐说，孔子只讲了一个仁字，而孟子一开口就讲仁义。我们还会看到，孔子从各个方面阐述什么是仁德，而孟子则直接把仁义作为自己立论的基础。

八佾[1] 3.3

子曰："人而不仁，如礼何[2]？人而不仁，如乐何[3]？"

【注释】

①佾（yì）：古时乐舞的行列。

②礼：古代有关人与人关系的各种规定，以及根据这种规定制订的行为规范。孔子把礼作为治理国家最重要的手段。

③乐：音乐。孔子认为，音乐和礼仪配合，是教化民众的最好手段。

【译文】

孔子说："人假若没有仁德，那如何对待礼呢？人假若没有仁德，那如何对待乐呢？"

扩展阅读

孟子曰："仁之实[1]，事亲是也。义之实，从兄是也。智之实，知斯二者弗去是也。礼之实，节文斯二者是也。乐之实，乐斯二者，乐则生矣。"（《孟子·离娄上》）

【注释】

①实：实际表现。

【译文】

孟子说："仁德的实质，就是侍奉父母；正义的实质，就是顺从兄长。智慧的实质，就是明晓这二者的道理并且坚持不失。礼的实质，就是对二者进行合理的节制和文饰。音乐的实质，就是从这两点中得到快乐，这样快乐就产生了。"

点评

孔子认为，人只有具备了仁德之心，才能正确对待礼乐。而只有正确对待礼乐，才能把国家治理好。如果说礼乐是行为的外部表现，那么仁爱就是行为的内在根据。孟子说，礼是对仁义的"节文"，即节制和文饰，正是对礼乐与仁义关系的注解。因此，礼乐和仁义分别从外部和内部来讲治国之道，而不仅仅是一些道德原则。

里仁 4.1

子曰："里仁为美[①]。择不处仁，焉得知[②]？"

【注释】

①里：这里可理解为居住的地方。

②知：通"智"，智慧。

【译文】

孔子说："居住的地方要有仁德才好。不选择仁德之地居住，怎能算有智慧呢？"

扩展阅读

孟子曰：“桀、纣之失天下也[1]，失其民也。失其民者，失其心也。得天下有道：得其民，斯得天下矣。得其民有道：得其心，斯得民矣。得其心有道：所欲与之聚之，所恶勿施尔也。民之归仁也，犹水之就下、兽之走圹也[2]。故为渊驱鱼者，獭也；为丛驱爵者[3]，鹯也[4]；为汤、武驱民者，桀与纣也。”（《孟子·离娄上》）

【注释】

①桀（jié）：夏朝的末代君主。　纣：商朝的末代君主。桀、纣胡作非为，失去了民心，分别被商汤和周武王推翻了。

②圹（kuàng）：广阔原野。

③爵：即雀。

④鹯（zhān）：鹰类。

【译文】

孟子说：“桀、纣失掉天下，是因为失去了人民。失去人民，是因为失去了民心。获得天下有办法：得到人民，就得到了天下。得到人民有办法：得到民心，就得到了人民。得到民心有办法：他们所希望的，给他们聚集起来；他们所厌恶的，不要强加给他们。人民归向仁德，就像水往下流、野兽奔向原野。所以把鱼儿赶往深渊的是水獭，把雀儿赶往树丛的是鹰鹯，把人民赶给汤、武的，是夏桀和商纣。”

点评

选择好的环境居住，大约人人都知道，但选择的内容不同。有人首先考虑自然环境是否优美，有人首先考虑住房本身是否漂亮，有人考虑当地的文化氛围、治安状况等等，也有人考虑的是上下班是否方便。如果你有机会选择，你将首先考虑什么呢？

里仁 4.3

子曰："唯仁者能好人[1]，能恶人[2]。"

【注释】

①好：喜好，爱。

②恶：厌恶，恨。

【译文】

孔子说："只有仁者能够懂得如何去爱人，如何去恨人。"

扩展阅读

孟子曰："能言距杨、墨者[1]，圣人之徒也。"（《孟子·滕文公下》）

【注释】

①杨、墨：杨朱和墨翟。

【译文】

孟子说："能够用言论去批判杨朱和墨翟的，就是圣人的门徒了。"

点评

人们常把仁与爱相连，组成双音词：仁爱。然而仁德不单是爱，还包括恨。不过，在孔子看来，只有仁者才能正确地去爱，正确地去恨。

孟子把能够以言论去批判杨朱和墨翟的，看作圣人之徒。也就是说，在他看来，圣人之徒应该厌恶杨墨，并且对其进行批判。

看来，单讲爱还不够。不能正确地去爱，等于不爱，或者是实行了爱也达不到预期效果。

里仁 4.4

子曰："苟志于仁矣，无恶也[①]。"

【注释】

①恶：罪恶，干坏事。

【译文】

孔子说："假若立志实行仁德，就不会去做坏事了。"

扩展阅读

孟子曰："……君子之事君也，务引其君以当道[①]，志于仁而已。"（《孟子·告子下》）

【注释】

①当道：合于正道。

【译文】

孟子说："……君子侍奉君主，务必引导自己的君主走向正道，立志实行仁德的做法。"

点评

有仁德者不仅会爱，也会恨，并且只有有仁德者才能正确地爱和恨。有仁德者即使有恨，也不会做坏事。

有恨，为什么不做坏事呢？因为仁者所恨的都是应该恨的，并且仁者恨的方法和程度也都是正确的。所谓应该，所谓正确，就是说，仁者的爱和恨都是遵守一定规则的。

里仁 4.7

子曰："人之过也，各于其党[①]。观过，斯知仁矣。"

【注释】

①党：此处指类别。

【译文】

孔子说："人们的错误，分属不同的类别。观察他们的错误，就知道他们的仁德如何了。"

扩展阅读

孟子曰："君子所以异于人者，以其存心也[1]。君子以仁存心，以礼存心。仁者爱人，有礼者敬人。爱人者，人恒爱之；敬人者，人恒敬之。"（《孟子·离娄下》）

【注释】

①存心：居于心灵深处的东西，这些东西往往构成一个人做事的出发点和目的。

【译文】

孟子说："君子和别人不同的地方，在于他的存心。君子存心于仁，存心于礼。有仁德的人热爱别人，懂礼仪的人尊敬别人。热爱别人的，别人也总是热爱他；尊敬别人的，别人也总是尊敬他。"

点评

人都会有错误，但错误和错误不同。有人为了大众，为了人民，犯了错误。有人为了私利，为了少数人的利益，犯了错误。虽然都是错误，但前者的错误使人同情，令人惋惜；后者的错误则使人厌恶，使人痛恨。观察错误的原因和性质，也可以知道犯错误者的为人。孔子这番话，是对各种人品深刻观察后得出的正确结论。孔子对社会和人生有许许多多这样深刻的观察和正确的结论，这是他留给后人的宝贵财富。

里仁 4.16

子曰：“君子喻于义[①]，小人喻于利[②]。”

【注释】

①喻：明白。

②君子、小人：这里指的是他们的社会地位。

【译文】

孔子说：“君子懂得的是义，小人懂得的是利。”

扩展阅读

孟子曰："……无君子莫治野人[1]，无野人莫养君子。……"(《孟子·滕文公上》)

【注释】

①君子：居于统治地位的人。　野人：即小人，居于被统治地位的人。

【译文】

孟子说："……没有当官的，就没有人治理百姓；没有百姓，就没有人养活当官的。……"

点　评

古代社会把人分成君子、小人两部分。君子是统治小人的人，小人是奉养君子的人。义，即适宜。事情处理得公平、恰当，就是义；反之就是不义。江湖义气的义，也是指处事恰当与否。在古代，处事恰当与否尤其体现在处理国家大事上。所以，讲求义与不义，就是君子的事，与小人没有关系。既然作为小人不能参与义与不义的事，也就只能关心自己的利益。而君子侵害小人利益的事，则是古今中外都难以解决的顽症。在这种情况下，要说服小人去做件什么事，当然必须告诉他们，这样做有什么好处，否则就只有强迫。

随着社会的发展，君子与小人的界限也越来越模糊，小人参与正义与否的事也越来越多。尽管如此，社会地位和财富状况的差别依然是个客观现实，所以要小人也能够"喻于义"，必须让正义与否的事也成为他们所必须关心的事。

雍也 6.22

（樊迟）问仁。曰："仁者先难而后获，可谓仁矣。"

【译文】

（樊迟）问什么是仁德。（孔子）说："有仁德的人先付出努力，然后再收获果实，这便可以算是仁德了。"

扩展阅读

孟子曰："知者无不知也[1]，当务之为急。仁者无不爱也，急亲贤之为务。尧舜之知而不遍物，急先务也。尧舜之仁不遍爱人，急亲贤也。"（《孟子·尽心上》）

【注释】

①知者：智者。

【译文】

孟子说："智者无所不知，但他把该办的事作为急事；仁者没有不仁爱的，但他把亲近贤臣作为急事来办。尧舜的智慧不能周知一切，是因为他急于办那应该先办的事。尧舜的仁德不能普遍地爱所有的人，是因为他把亲近贤臣作为要办的急事。"

点 评

办事有两种方式，一种是先办难的，一种是先办容易的。根据不同的情况，都是可以的。难办的事，往往是打基础的事。这样的事，短期内难以有所收获。然而，"路遥知马力"，基础打好了，其最终成就会更加丰硕。而能够不急于收获、致力于打基础的，孔子称之为仁者。这样的人，确实要有踏实、认真和为事业献身的精神。而那些急于获利者，往往只能获得一些小利、近利。

雍也 6.23

子曰："知者乐水，仁者乐山。知者动，仁者静。知者乐，仁者寿。"

【译文】

孔子说："智者喜爱水，仁者喜爱山。智者爱动，仁者爱静。智者快乐，仁者长寿。"

扩展阅读

徐子曰[1]："仲尼亟称于水[2]，曰：'水哉，水哉！'何取于水也？"孟子曰："原泉混混[3]，不舍昼夜，盈科而后进，放乎四海。有本者如是，是之取尔。苟为无本，七八月之间雨集，沟浍皆盈，其涸也可立而待也。故声闻过情，君子耻之。"（《孟子·离娄下》）

【注释】

①徐子：孟子弟子徐辟。

②亟（qì）：屡次。

③原泉：即源泉。

【译文】

徐辟问道："孔子屡次称赞水，说'水啊！水啊！'水哪一点是可取的呢？"孟子说："源泉滚滚奔流而下，昼夜不停，注满了坑洼然后再往前流，直到流入大海。有本源的泉水就是这样，这就是水的可取之处。假如没有本源，到了七八月份，雨水聚集，沟渠都满了，可是它的干涸也是立等可见。所以名气超过实际情况，君子会感到耻辱。"

点评

孔子说，智者和仁者的爱好不同，可能是真的吧。但是，一个智者难道不可以同时是个仁者吗？一个仁者不可以同时是个智者吗？儒家讲仁义礼智，四德具备，不是一个人兼有智者和仁者的品质吗？就我的所见而言，爱山的往往也爱水，爱水的往往也爱山。

雍也 6.26

宰我问曰："仁者，虽告之曰'井有仁焉[①]'，其从之也？"子曰："何为其然也？君子可逝也[②]，不可陷也；可欺也，不可罔也[③]。"

【注释】

①井有仁：井里掉下了一个仁人。

②逝：使动用法，使……去。

③罔：愚弄。

【译文】

宰我问道："有仁德的人，假如告诉他：'井里掉下了一个仁人'，他会跟着下去吗？"孔子说："为什么这样做呢？君子可以让他远远走开，却不可以陷害他；可以欺骗他，却不可以愚弄他。"

扩展阅读

昔者有馈生鱼于郑子产[①]，子产使校人畜之池[②]。校人烹之，反命曰："始舍之，圉圉焉[③]；少则洋洋焉，攸然而逝。"子产曰："得其所哉！得其所哉！"校人出，曰："孰谓子产智？予既烹而食之，曰：'得其所哉！得其所哉！'"故君子可欺以其方，难罔以非其道。(《孟子·万章上》)

【注释】

①郑子产：郑国的子产，春秋时重要的政治家，以智慧过人闻名。

②校人：主管池塘的小吏。

③圉圉（yǔ yǔ）：鱼在水里羸（léi）弱的样子。

【译文】

过去有人送给郑国子产一条活鱼，子产让管池塘的把它养在池里。那人却把鱼煮着吃了，回报说："刚放进去的时候，鱼是懒洋洋的；过了一会儿，它便活泼泼起来，悠哉悠哉地就游走了。"子产说："到它该去的地方了！到它该去的地方了！"管池塘的出来，对别人说："谁说子产聪明？我已经把鱼煮着吃了，可他还说：'到它该去的地方了！到它该去的地方了！'"所以对于君子，可用符合情理的办法欺骗他，却不能用不合情理的诡诈愚弄他。

点评

孔子说过："好仁不好学，其蔽也愚。"求仁者的确有可能变得愚蠢。宰我的问题，就是出于这样的担心而提出的。

这个问题提醒我们，要做好人，但不要做蠢人。如果被不合情理的事愚弄，那就是真正的蠢人了。而克服这一点的办法，仍然是孔子所说的"学"。

雍也 6.30

子贡曰："如有博施于民而能济众，何如？可谓仁乎？"子曰："何事于仁，必也圣乎！尧、舜其犹病诸[①]！夫仁者，己欲立而立人，己欲达而达人[②]。能近取譬[③]，可谓仁之方也已。"

【注释】

①病：以……为不足。

②达：顺达。

③近取譬：从身边的事选择例子推想开去。譬，譬喻。

【译文】

子贡说："如能广泛施予恩惠而帮助民众，怎么样？可以算有仁德吗？"孔子说："何止是仁德，一定要说的话，那就是圣德了！尧、舜也难以做到这一点！有仁德的人，是自己想有所成就同时也使别人有所成就，自己想诸事通顺同时也使别人诸事通顺的人。能从身边的事选择例子推想开去，可算是实行仁德的方法了。"

扩展阅读

曹交问曰[1]："'人皆可以为尧、舜'，有诸？"孟子曰："然。"……

（孟子）曰："夫道，若大路然，岂难知哉？人病不求耳。……"（《孟子·告子下》）

【注释】

①曹交：曹国国君的弟弟。

【译文】

曹交问道："'人人都可以成为尧、舜那样的人'，有这样的话吗？"孟子说："有的。"……

孟子说："道，就像大路一样，有什么难理解的呢？可惜的是人们不去追求罢了。……"

点评

孔子说，能够广泛地给予人民帮助，那就不仅是仁德，而是比仁德更高的圣德了。并且说，即使尧、舜也难以做到这一点。让我们向古往今来那些给人民带来普遍幸福和好处的人致敬。这些人中，有政治家、军事家，也有发明家、思想家、艺术家等等。让我们把他们所建立的功业作为自己努力的目标！

由此看来，孔子虽然常常把仁德作为追求的目标，并且以此来教导学生、评价别人，但在他的心中，圣德才是最高的德行。而这种德行的基本表现，就是能给人民带来普遍的幸福和好处。只是他觉得圣德连尧、舜也感到困难，一般人更是难以达到，所以不常提起罢了。

述而 7.30

子曰："仁远乎哉？我欲仁，斯仁至矣[1]。"

【注释】

①斯：这。

【译文】

孔子说："仁德离我们很远吗？我追求仁，仁就来啦。"

扩展阅读

孟子曰："万物皆备于我矣[①]。反身而诚[②]，乐莫大焉。强恕而行，求仁莫近焉。"（《孟子·尽心上》）

【注释】

①万物：指人间万事的道理。孟子认为，仁、义、礼、智这些德行，是人生来就具有的美德。所以他说"万物皆备于我"。

②反：反省，反思。　诚：真实，真正。

【译文】

孟子说："一切我都具备了。考察自己确实如此，那快乐是无法比拟的；不懈地以推己及人的恕道去做，从身边做起，所追求的仁再没有比这样更切近的了。"

点评

古往今来有不少人都认为，高尚的德行是离自己很远、难以求得的东西。实际上，那高尚的德行是离自己很近的东西，关键在于你是否追求它。追求它，它就离你很近；不追求，它就离你很远。

有些人觉得高尚离自己很远，往往是因为做了几件好事，没有得到称赞。这是称赞离自己很远，不是高尚离自己很远。当自己做好事的时候，就是达到了高尚，至少是接近了高尚。当自己为没受称赞而苦恼、不平的时候，就是离开了高尚。至于为追求称赞和荣誉而做好事，那就不是高尚。这时候，高尚确实离他很远，因为他没有去追求高尚。

颜渊 12.2

仲弓问仁[①]。子曰："出门如见大宾，使民如承大祭。己所不欲，勿施于人。在邦无怨[②]，在家无怨[③]。"仲弓曰："雍虽不敏，请事斯语矣。"

【注释】

①仲弓：姓冉，名雍，字仲弓，孔子弟子。

②在邦：出仕做官。

③在家：未出仕做官。

【译文】

仲弓问什么是仁德。孔子说："出门好像要去接待贵宾，役使百姓好像主持盛大祭祀。自己不想要的，不要强加给别人。做官没有怨言，不做官也没有怨言。"仲弓说："我虽然迟钝，也要按您的话去做。"

扩展阅读

毋不敬[①]，俨若思[②]，安定辞[③]。安民哉！（《礼记·曲礼上》）

【注释】

①毋：不要。

②俨：庄重。

③辞：语言。

【译文】

不要不恭敬，要庄重得好像沉思，说话要谨慎肯定。这样可以使民众安宁啊！

点评

对人恭敬，行为庄重，是仁者的外部表现，也是合乎礼仪规定的行动。《曲礼》是《礼记》的第一篇，也是对整个《礼记》的总体解说。《曲礼》开篇就说不要不恭敬，可见，它把恭敬作为行礼的首要条件和基本原则。孔子告诉仲弓，仁者要态度恭敬，就是因为这种态度是复礼的首要条件，也是达到仁德的首要条件。

不过，整天恭恭敬敬，实在不易做到。这要选择一定的场合吧。

颜渊 12.3

司马牛问仁[①]。子曰："仁者其言也讱[②]。"曰："其言也讱，斯谓之仁已乎？"子曰："为之难，言之得无讱乎？"

【注释】

①司马牛：名耕，孔子弟子。

②讱（rèn）：说话迟钝。

【译文】

司马牛问什么是仁德？孔子说："仁者说话迟钝。"问："说话迟钝，就可以认为是仁了吗？"孔子说："做起来不容易，说话能够不迟钝吗？"

扩展阅读

孟子曰："人皆有所不忍[①]，达之于其所忍[②]，仁也。人皆有所不为，达之于其所为，义也。人能充无欲害人之心，而仁不可胜用也。"（《孟子·尽心下》）

【注释】

①忍：忍心。

②达：推广。

【译文】

孟子说："人都有不忍心去做的事，把这样的心肠推广到那些忍心做的事上，就是仁。人都有不愿做的事，把这样的想法推广到那些愿意做的事上，就是义。人能把不想害人的心肠扩充起来，仁就用不尽了。"

点评

据说司马牛性情急躁，言多草率，孔子要他首先克服这个毛病，逐渐培养仁德。因材施教，是孔子教育学生的基本方针，也是后世为人导师时应遵循的原则。

这话尽管是针对司马牛而说，但说话要慎重，要考虑好再说，对每个人都是必要的。有人说话不加考虑，冲口而出，不仅于事无补，甚至可能伤害朋友。这种人，确实应该克服自己的缺点。还有些人，自称性子直，不管什么话，他都可以说得出口，实际上不过是用直率掩饰他诋毁攻击别人的行为。对这样的人，要提高警惕，并且不要轻信他的话。

另一方面，如果说话吞吞吐吐，甚至话到嘴边留半句，对人不诚实，也不是优点。孔子也不认为说话迟钝就是仁。这一点，也是要注意的。

颜渊 12.22

樊迟问仁。子曰："爱人。"问知。子曰："知人。"樊迟未达。子曰："举直错诸枉[①]，能使枉者直。"

樊迟退，见子夏，曰："乡也吾见于夫子而问知[②]，子曰，'举直错诸枉，能使枉者直'，何谓也？"子夏曰："富哉言乎！舜有天下，选于众，举皋陶[③]，不仁者远矣。汤有天下，选于众，举伊尹，不仁者远矣。"

【注释】

①举：提拔。　直：正直者。　枉：不走正道、搞歪门邪道的人。

②乡：通"向"，过去，刚才。

③皋陶（yáo）：舜的臣子，主管司法。

【译文】

樊迟问什么是仁德。孔子说："爱别人。"问什么是智。孔子说："能辨别人。"樊迟没有明白。孔子说："提拔正直人，让他们位于邪恶人之上，这样能使邪恶人也正直起来。"

樊迟离开后，去见子夏，说："刚才我去见夫子，问他什么是智，夫子说，'提拔正直人，让他们位于邪恶人之上，这样能使邪恶人也正直起来'，是什么意思？"子夏说："多么深刻的话啊！舜统治着天下，在众人中挑选，提拔了皋陶，不仁的人就远远地离开了；商汤统治天下，在众人中挑选，提拔了伊尹，不仁的人就远远地离开了。”

扩展阅读

尧以不得舜为己忧，舜以不得禹[1]、皋陶为己忧。夫以百亩之不易为己忧者[2]，农夫也。分人以财谓之惠，教人以善谓之忠，为天下得人者谓之仁。是故以天下与人易，为天下得人难。（《孟子·滕文公上》）

【注释】

①禹：即治水的大禹，夏代的开国君主。

②易：治理。

【译文】

尧把得不到舜作为自己的忧虑，舜把得不到禹和皋陶作为自己的忧虑。那种把没有耕种好百十亩土地作为自己忧虑的，是农夫。分给人财产叫做惠，教人为善叫做忠，为天下得到人才叫做仁。所以把天下让给别人容易，为天下得到人才困难。

点评

仁和智不可分离，只仁不智就会愚蠢，所以樊迟问了仁之后才又问智。孔子说，仁者爱人。但是不解决如何爱人的问题，仍然不知什么是仁。所以孔子又说了“知人”，即识别人。对于一个统治者，只有能够识别人，才能提拔正直的人，罢免那些不走正道的人。对于一个普通人，也只有能够识别人，才能把事情办好。不然，和坏人共事，不仅自己易受到伤害，而且会把事情办坏，使社会、人民受害。子夏的回答，不仅解释了什么是智，也解释了什么是仁。孟子则把仁总结为一句话：“为天下得人。”如子夏所说，在对仁的这种理解中，确实包含着非常丰富的内容。

子路 13.27

子曰："刚、毅、木、讷，近仁"①。

【注释】

①讷（nè）：说话迟钝。

【译文】

孔子说："刚强、坚定、朴实、话少，这四种品质接近仁德。"

扩展阅读

孟子曰："君子之于物也，爱之而弗仁。于民也，仁之而弗亲。亲亲而仁民[1]，仁民而爱物。"（《孟子·尽心上》）

【注释】

①亲亲：亲爱亲属，特指亲爱父母。

【译文】

孟子说："君子对于万物，爱惜但不仁爱；对于民众，仁爱但不亲近。君子亲爱亲属因而仁爱民众，仁爱民众因而爱惜万物。"

点 评

孔子的话，是重复了已经说过的主张。孟子的话，则对仁爱做了概括的说明。亲爱、爱惜，都包含在仁爱之中，不过是仁爱的不同等级罢了。实际上，仁爱，就是一种有区别的爱。对于物品、民众、亲属，要用不同的爱，这是几个大的等级。在亲属之中，还要依据亲疏远近，使爱有所不同。这在儒家，叫做"爱有差等"。

宪问 14.1

宪问耻。子曰："邦有道，谷[1]；邦无道，谷；耻也。"

"克、伐、怨、欲不行焉，可以为仁矣？"子曰："可以为难矣，仁则吾不知也。"

【注释】

①谷：禄。

【译文】

原宪问如何叫耻辱。孔子说："国家政治清明，做官领薪俸；国家政治黑暗，做官领薪俸，这就是耻辱。"

"好胜、自夸、怨恨、贪欲，都能避免，可以算是有仁德的人吗？"孔子说："可以说是很难得了，若说是仁人，那我不能同意。"

扩展阅读

天下之言，不归杨[1]，则归墨[2]。杨氏为我，是无君也。墨氏兼爱，是无父也。无父无君，是禽兽也。……杨墨之道不息，孔子之道不著，是邪说诬民，充塞仁义也。仁义充塞，则率兽食人[3]，人将相食[4]。(《孟子·滕文公下》)

【注释】

①杨：即杨朱，主张“为我”。

②墨：即墨翟，墨家学派的创立者。

③率兽食人：指统治者腐败，让自己的狗儿、马匹都吃人的食物，而人却要饿死。这就等于率领野兽去吃人。

④人将相食：据说古代饥荒厉害的年代，有人吃人的事情发生，甚至把孩子交换后吃掉的。

【译文】

天下的言论，不是属于杨朱派，就是属于墨翟派。杨朱主张“为我”，是无视君主的存在；墨翟主张“兼爱”，是无视父母的存在。无视君主和父母，就是禽兽。……杨、墨的观点不清除，孔子的道理就不能发扬，这就是邪说害人，堵塞了仁义。仁义被堵塞，就等于率领野兽吃人，而人与人也将互相残食。

点评

无视君主和父母的爱，在儒家，是不能算作仁爱的。他们甚至批评这样做是禽兽一般的做法。可见，墨家主张一种和儒家不同的爱。

宪问 14.4

子曰："有德者必有言，有言者不必有德。仁者必有勇，勇者不必有仁。"

【译文】

孔子说："有道德的人一定会有言论，有言论的人未必会有道德。仁德的人一定有勇气，有勇气的人未必有仁德。"

扩展阅读

知、仁、勇三者[1]，天下之达德也，所以行之者一也。（《中庸》第二十章）

【注释】

①知：通"智"。

【译文】

智、仁、勇三种品德，是天下共同承认的品德，实行它们的标准是一样的。

点评

在孔子看来，德行是重要的。各种德行之中，仁德又是最重要的。有仁德者必定有勇气，因为他懂得坚持应该坚持的原则。勇气不单是战场上奋勇冲锋，在生活的每个角落，都需要勇气。在需要仗义执言、挺身而出、见义勇为的时候，都需要勇气。

勇气来自品德。没有相应的品德，就不会有相应的勇气。要有某种勇气，必须平素就培养相应的品德。

宪问 14.16

子路曰："桓公杀公子纠，召忽死之，管仲不死。"曰："未仁乎？"子曰："桓公九合诸侯[1]，不以兵车，管仲之力也。如其仁[2]，如其仁。"

【注释】

①九合：多次纠合。九，不确定的虚数。

②如：就是，乃是。

【译文】

子路说："齐桓公杀死（自己的哥哥）公子纠，（公子纠的老师）召忽因此自杀，但是（他的另一个老师）管仲却活着。"又说："管仲是没有仁德的吧？"孔子说："桓公多次会合诸侯，不使用武力，都是管仲的功劳。这就是他的仁德！这就是他的仁德！"

扩展阅读

齐桓公闺门之内[①]，县乐奢泰游玩之修[②]，于天下不见谓修。然九合诸侯，一匡天下[③]，为五伯长[④]，是亦无他故焉，知一政于管仲也。(《荀子·王霸》)

【注释】

①闺门之内：指家里。闺门，小门。

②县乐：县，通“悬”。悬挂钟磬等乐器。奢泰：奢侈而过分骄纵。修：修饰。

③匡：使之端正。

④五伯：一般指齐桓公、晋文公、楚庄王、吴王阖闾、越王勾践。其中齐桓公为第一代霸主，功业也最大，所以说他是五伯长。

【译文】

齐桓公在自己家里，一味地沉湎于声乐、奢侈、游玩，但天下人不认为他沉湎于玩乐。至于多次会合诸侯，匡正了整个天下，做了五霸的首领，也没有其他原因，只不过懂得把一切政事交给管仲罢了。

点评

管仲帮助齐桓公称霸诸侯，让诸侯们都忠于周天子，从而使天下混乱的秩序得到了纠正，归于礼制。孔子认为，这就是管仲的仁。对管仲的评价，充分体现了孔子“克己复礼为仁”的标准。

卫灵公 15.9

子曰："志士仁人[1]，无求生以害仁，有杀身以成仁。"

【注释】

①志士：这里指志于仁德的人，不是一般的有志者。

【译文】

孔子说："志士仁人，不贪生怕死损害仁德，却牺牲生命以成就仁德。"

扩展阅读

富贵不能淫[1]，贫贱不能移[2]，威武不能屈[3]。此之谓大丈夫。(《孟子·滕文公下》)

【注释】

①淫：乱。

②移：动摇。

③屈：屈服。

【译文】

富贵不能使他乱心，贫贱不能使他动摇，暴力不能使他屈服。这才是真正的男子汉。

点 评

这里的志士仁人，不能理解为“懂得爱”的人，而应该理解为懂得并能坚持原则的人。而“害仁”、“成仁”之“仁”，表面上是说仁德，其实是指原则。也就是说，志士仁人，不会因为贪生而危害原则。至于原则是什么，则以具体情况而定，不必拘囿于礼制。在面临民族大义时，爱国就是最高的原则。

懂得并坚持原则，才能威武不屈，贫贱不移，富贵不淫。长期以来，杀身成仁和威武不屈的话，激励了许多志士仁人，为着国家和民族的利益，为着人民的解放和幸福，英勇奋斗，甚至流血牺牲。

阳货 17.6

子张问仁于孔子[1]。孔子曰："能行五者于天下，为仁矣。"

"请问之。"曰："恭、宽、信、敏、惠。恭则不侮，宽则得众，信则人任焉，敏则有功，惠则足以使人。"

【注释】

①子张：姓颛孙，名师，字子张，孔子弟子，有政治才能。

【译文】

子张问孔子什么是仁德。孔子说："能在天下实行五种品德，就是仁德了。"

子张说："请问是哪五种。"孔子说："恭敬、宽厚、守信、机敏、恩惠。恭敬就不会受人侮辱，宽厚就会得到群众拥护，守信能得到别人任用，机敏可以建立功勋，恩惠能让人听你使唤。"

扩展阅读

仁人无敌于天下。(《孟子·尽心下》)

【译文】

有仁德的人天下无敌。

点评

孔子在这里对仁德的表现作了总的描述。恭敬，就是前面说过的“出门如见大宾，使民如承大祭”；宽厚和施恩惠，属于前面说的“博施济众”；守信类似前面说过的义；机敏则相当于智慧。一个政治家具备这些品质，可算是非常优秀的。这样优秀的政治家，就可以实现复礼的理想，达到仁德。依孟子所说，具备仁德的人是不可战胜的，而他则可以战胜天下的一切。一个国君如果具有仁德，就可以征服天下，孟子对此确信无疑。

微子 18.1

微子去之，箕子为之奴，比干谏而死①。孔子曰："殷有三仁焉。"

【注释】

①微子、箕子、比干：微子，商纣王的庶兄。箕子、比干，商纣王的叔父。商纣王无道，箕子、比干劝阻。结果比干被杀，箕子被囚为奴。眼看商朝即将灭亡，为了保存对祖宗的祭祀，以免同归于尽，微子就出走了。

【译文】

（商纣王暴政，）微子出走了，箕子做了纣的奴隶，比干因劝谏而死。孔子说："商朝有三个仁人啊！"

扩展阅读

齐宣王问曰："汤放桀[①]，武王伐纣[②]，有诸？"孟子对曰："于传有之。"曰："臣弑其君[③]，可乎？"曰："贼[④]仁者谓之'贼'，贼义者谓之'残'。残贼之人，谓之'一夫'[⑤]，闻诛一夫纣矣，未闻弑君也。"（《孟子·梁惠王下》）

【注释】

①放：流放。

②伐：讨伐。

③弑（shì）：臣杀君。

④贼：危害。

⑤一夫：众叛亲离，就剩下了他一个，又称"独夫"。

【译文】

齐宣王问："商汤流放夏桀，周武王讨伐商纣，有这样的事吗？"孟子说："有这样的记载。"又问："臣子杀死自己的君主，可以吗？"答："危害仁的叫做贼，危害义的叫做残。这样又残又贼的人，叫做独夫。我只听说周武王杀了商纣这个独夫，却没有听说他杀死了什么君主。"

点评

孔子称赞的这三个仁人虽然表现不同，但其内在实质，都是爱自己的国家，并且维护这个国家所遵循的原则。他们看到纣王破坏这个原则，就以各自不同的方式来维护。正是由于这一点，孔子才称他们为仁人。从孔子对他们三人的称赞中，可以更进一步体会仁德的内涵。

孔子论做人

学而 1.8

子曰："君子不重①，则不威②；学则不固。主忠信。无友不如己者。过，则勿惮改③。"

【注释】

①重：稳重，庄重。

②威：威严。

③惮：害怕。

【译文】

孔子说："君子不庄重就没有威严；即使读书，所学的也不会巩固。要把忠信作为主导。不要和不如自己的人交朋友。有了过错，就不要怕改正。"

扩展阅读

公都子曰："外人皆称夫子好辩，敢问何也？"孟子曰："予岂好辩哉[①]？予不得已也。"（《孟子·滕文公下》）

【注释】

①予：我。

【译文】

公都子说："外人都说先生您喜欢与人辩论，请问这是为什么呢？"孟子说："我难道是喜好辩论的吗？我不得已呀。"

点 评

孔子认为，君子应该稳重，有威严。这种做人的态度，曾经极大地影响着中国人评价人、选择人的价值观念。因此，孟子好辩，就是不稳重的表现。孟子说自己是不得已，其他被认为是不稳重的人，有没有不得已的情况呢？

从宋朝开始，孟子被尊为圣人。人们能够理解孟子、容忍孟子，为什么不能容忍其他人呢？

学而 1.16

子曰："不患人之不已知，患不知人也。"

【译文】

孔子说："不怕别人不了解自己，怕自己不能理解别人。"

扩展阅读

天命之谓性，率性之谓道[1]，修道之谓教。道也者，不可须臾离也，可离非道也。是故君子戒慎乎其所不睹，恐惧乎其所不闻。莫见乎隐[2]，莫显乎微，故君子慎其独也。(《中庸》第一章)

【注释】

①率性：遵从本性行动。

②见：通“现”。

【译文】

上天所赋予的就是人的本性，随顺本性要求的行动就是道，认真地实行道就是教。道这个东西，是一刻也离不开的，可以离开的就不是道。所以君子警惕、谨慎于人们所看不见的地方，畏惧于人们所听不到的地方。再没有比隐蔽的地方更容易显露的了，再没有比微小的地方更容易显现的了，所以君子谨慎地对待自己独处时的行为。

点 评

许多人都爱抱怨别人不理解自己，可是自己是否理解别人呢？再说，自己如果是行正道，又何必强求别人的了解呢？真正高尚的人，并不追求别人的了解。而是在别人看不见、听不着的地方，也能谨慎认真地做该做的事，不做不该做的事。

应该说，古今中外，这都是做人的美德。

为政 2.12

子曰："君子不器[1]。"

【注释】

①器：器具。

【译文】

孔子说："君子不应像器皿一样（只有一定的用途）。"

扩展阅读

是故君子动而世为天下道[①]，行而世为天下法[②]，言而世为天下则[③]。(《中庸》第二十九章)

【注释】

①道：称道。

②法：效法。

③则：规范，法则。

【译文】

所以君子的举动世世代代为天下人所称道，行为世世代代为天下人所效法，言论世世代代成为天下人遵守的规则。

点评

专家在今天是个非常受尊重的称号，但孔子不主张君子们去做专家。当时，在社会中起重大作用的不是某方面的专家，而是言行能够为天下所效法的人物。

如今，知识的专门化是不可避免的趋势，但也带来了许多问题。有些专家在自己不懂的领域乱发议论，别人就误以为凡是专家讲的都是真理。这是要避免的。

为政 2.14

子曰："君子周而不比[1]，小人比而不周。"

【注释】

①周：以义结合，团结。　比：勾结。

【译文】

孔子说："君子是团结，而不是勾结，小人是勾结，而不是团结。"

扩展阅读

孟子谓万章曰："一乡之善士，斯友一乡之善士。一国之善士，斯友一国之善士。天下之善士，斯友天下之善士。以友天下之善士为未足，又尚论古之人①。颂其诗②，读其书，不知其人可乎？是以论其世也。是尚友也。"（《孟子·万章下》）

【注释】

①尚：通"上"。

②颂：同"诵"。

【译文】

孟子对万章说："一个乡的优秀人物，便和一乡的优秀人物做朋友；全国性的优秀人物，便和一国的优秀人物做朋友；天下性的优秀人物，便和普天下的优秀人物做朋友。觉得和普天下的优秀人物做朋友还不够，又往上去追论古人。朗诵古人的诗，研读古人的书，但不了解这人，行吗？所以又要考察那人所处的时代。这就是向上与古人交朋友。"

点 评

君子总不能和小人交朋友。但是小人爱拉小圈子，结党营私。几个人合伙互相吹捧，同时贬低圈子以外的人，甚至不惜用恶劣的手段算计、陷害别人，这都是古往今来屡见不鲜的事。不过到了后来，拉小圈子的小人们也会指责别人拉小圈子。这一点，是我们在识别人时要特别加以注意的。这里没有一成不变的识别方法，只能靠在社会实践中长期的磨炼。

孟子的话，是说好人能和好人交朋友，则更加接近实际。至于往上追论古人的方法，是非常可取的。不懂得古人所处的时代，就难以理解古人为什么要这样说，而不那样说；这样做，而没有那样做。

为政 2.22

子曰："人而无信，不知其可也。大车无輗，小车无軏①，其何以行之哉？"

【注释】

①輗（ní），軏（yuè）：古代连接车辕和车前横木的销钉。用于大车的叫輗，用于小车的叫軏。此处用以比喻守信是做人的关键。

【译文】

孔子说："一个人如果不守信用，不知那怎么可以。譬如大车没有安横木的輗，小车没有安横木的軏，如何能走呢？"

扩展阅读

孟子曰："居下位而不获于上[①]，民不可得而治也。获于上有道，不信于友，弗获于上矣。信于友有道，事亲弗悦，弗信于友矣。"（《孟子·离娄上》）

【注释】

①获于上：得到上级的信任。

【译文】

孟子说："作为下级得不到上级的信任，就无法把民众治理好。要得到上级信任有办法，（首先要得到朋友的信任。）在朋友中没有信誉，就无法得到上级的信任。要得到朋友的信任有办法，（首先要让父母高兴。）侍奉父母而父母却不高兴，朋友也就不相信了。"

点评

人应该守信用，否则，无法与他人共事。必须得到父母的欢心，才能得到朋友的信任；必须得到朋友的信任，才能得到上级的信任。在古代或许如此，现在就不一定了。而讲究信誉，古今则是一样的。

做个守信的人，不仅是为了好办事，而更重要的是，人应该如此做人，这也就是孔子所说的"人而无信，不知其可也"。

八佾 3.7

子曰："君子无所争。必也射乎[1]！揖让而升，下而饮。其争也君子。"

【注释】

①射：古代比赛射箭的礼仪。登堂而射，射后计算谁中靶多，中靶少的被罚饮酒。

【译文】

孔子说："君子没有什么要争的。要说有所争的话，那一定是比箭了。（但是当射箭的时候，）互相作揖而后登堂，（射箭完毕，）下堂后又（作揖）饮酒。这种竞争是很有礼貌的。"

扩展阅读

孟子曰："君子有三乐，而王天下不与存焉。父母俱存，兄弟无故①，一乐也；仰不愧于天，俯不怍于人②，二乐也；得天下英才而教育之，三乐也。君子有三乐，而王天下不与存焉。"（《孟子·尽心上》）

【注释】

①故：变故，如灾祸、死亡、疾病等。

②怍：惭愧。

【译文】

孟子说："君子有三大快乐，但称王天下却不包括在内。父母健在，兄弟们平安，是第一大快乐；对上无愧于天，对下无愧于人，是第二大快乐；得到天下的精英并对他们进行教育，是第三大快乐。君子有三大快乐，但称王天下却不包括在内。"

点评

古代君子是不是无所争？恐怕未必如孔子所说。有争，也未必都是在射箭之时。比如孟子，他把批判杨朱、墨翟作为自己一生的战斗使命。但是，争应该是君子之争。

能遵循相应的规则，就是君子之争。当今的社会，几乎无处不在争。商业竞争，体育竞赛，如此等等。政治、军事方面就更不必说。个人之间的竞争，也日趋公开和激烈。不争是不可能的，唯一正确的方法是把争导向君子之争。如体育比赛，失败者要向胜利者致敬，很有君子之争的味道。这样的争，应该提倡。

但是至少有一个地方是不可能有君子之争的。那就是军事斗争，或者说是战争。谁要是在这里也盼望君子之争，那就是孔子所说的愚蠢了。

里仁 4.5

子曰："富与贵，是人之所欲也；不以其道得之，不处也。贫与贱，是人之所恶也；不以其道得之，不去也。君子去仁，恶乎成名[①]？君子无终食之间违仁[②]，造次必于是[③]，颠沛必于是[④]。"

【注释】

①恶（wū）乎：在何处，怎样。

②违：离开。

③造次：仓促急迫。

④颠沛：流离失所。

【译文】

孔子说："富有和尊贵，是人们希望得到的。不以正当的方式得到，君子是不接纳的。贫困和低贱，是人们所厌恶的。不是用正当的方式抛掉，君子是不摆脱它的。君子离开仁，如何成就美名？君子不会在须臾之间离开仁德，就是在仓促急迫之间也一定要行仁德，在颠沛流离之时也一定要和仁德同在。"

扩展阅读

仁，人之安宅也；义，人之正路也。旷安宅而弗居，舍正路而不由，哀哉！（《孟子·离娄上》）

【译文】

仁德，是人的舒适住宅；义，是人的正确道路。让舒适的住宅空着而不去住，舍弃正确的道路而不走，可悲啊！

点评

财富与高尚的社会地位，今天仍然为人们所向往。要得到这些东西，不仅要有个人的努力，其间还有激烈的竞争，而且重要的是要通过君子之争来获得。君子之争，不仅使得到者受益，对整个社会也有好处。安贫乐道、视富贵如浮云、不爱金钱，只可作为个人的自由，而不可向全社会推广。孔子在这方面是实事求是的。

在古代，君子之争的规则就是仁义，所以孟子说仁是安宅，义是正路。今天，君子之争的规则变为法制和其他社会规范。

里仁 4.8

子曰："朝闻道，夕死可矣。"

【译文】

孔子说："早上懂得了大道，即使晚上就死，也可以。"

扩展阅读

孟子曰："天下有道[①]，以道殉身[②]；天下无道，以身殉道。"（《孟子·尽心上》）

【注释】

①有道：按照道行事。

②殉：陪葬。

【译文】

孟子说："天下有道的时候，让道陪伴着自己；天下无道的时候，为道牺牲自己。"

点 评

"朝闻道，夕死可矣"，曾经长期激励人们为真理而斗争。所闻未必是孔子之道，但为追求真理而甘愿牺牲的精神，则是人类最可宝贵的财富。

人是动物，又是最高级的动物。人的优越，不是优越在更会吃、更会玩，而在于其有动物所没有的为真理而牺牲的精神境界。只知追求物质享乐的人，不是真正的人。人所谓的高尚，在于可以为道殉身，为真理而牺牲。因为道或真理，集中代表了大多数人的普遍利益。

里仁 4.9

子曰："士志于道，而耻恶衣恶食者，未足与议也。"

【译文】

孔子说："读书人如果立志求道，却以破衣粗食为耻，那就不值得和他谈论什么道了。"

扩展阅读

孟子曰：“舜之饭糗茹草也[①]，若将终身焉。及其为天子也，被袗衣[②]，鼓琴，二女果[③]，若固有之。”（《孟子·尽心下》）

【注释】

①糗（qiǔ）：干粮。 茹（rú）：吃。

②袗（zhěn）衣：绣有文采的华贵衣服，指天子所穿的盛服。

③果（wǒ）：女仆，侍候。

【译文】

孟子说：“舜在啃干粮吃野菜的时候，就像终生都要如此。等到他做了天子，穿着华丽的衣服，弹着琴，被尧的两个女儿服侍着，又好像他本来就拥有这些似的。”

点 评

这是儒家的理想生活态度：贫困的时候，不以破衣粗饭为耻，而要一心求道；富贵的时候，能随遇而安、处之泰然。他们反对的是：以贫困为耻辱，用不正当的方法力图摆脱贫困；一旦拥有了权力和财富，则又傲慢骄横、奢侈腐败。他们把这样的人看成小人，也最瞧不起这种人。

人们可能会由于各种原因而陷入贫困，或者未能摆脱贫困。假如不是因为自己懒惰，就不必感到羞耻。至于通过君子之争以摆脱贫困，更是应该的。我们今天鼓励这样做，孔子也不会反对。

里仁 4.10

孔曰："君子之于天下也，无适也①，无莫也②，义之与比③。"

【注释】

①适：一定要如何。

②莫：一定不要如何。

③比（bì）：挨着，靠拢，为邻。

【译文】

孔子说："君子对于天下的事情，无所谓一定要如何，无所谓一定不要如何，而只要与正义为伍就可以了。"

扩展阅读

孟子曰："可以取[①]，可以无取，取伤廉。可以与[②]，可以无与，与伤惠。可以死，可以无死，死伤勇。"（《孟子·离娄下》）

【注释】

①取：取得。

②与：给予。

【译文】

孟子说："可以取，可以不取，取了就会对廉洁有损害。可以给，可以不给，给了就会对恩惠有损害。可以牺牲，可以不牺牲，牺牲了就会对勇气有损害。"

点 评

孔子所说的"无适也，无莫也"，强调的是与义为伍。其实，真正对一切都无所谓的态度是不存在的，问题仅仅在于肯定什么，否定什么。

孟子提出了一个如何选择的问题。选择的难度很大，首先要判断可以与不可以。在判断出可以与不可以之后，还有一个究竟要如何处理的问题。任何人都难以给出一个绝对正确的选择公式。但有一点是毋庸置疑的，那就是把义，即把国家、民族、集体的利益，置于个人利益之上，并且以小的牺牲换取大的胜利，这就是正确的选择。

里仁 4.12

子曰："放于利而行[1]，多怨。"

【注释】

①放：依据，依循。

【译文】

孔子说："依据对个人有利的准则行事，会招来许多怨恨。"

扩展阅读

孟子曰："……王曰：'何以利吾国?'大夫曰：'何以利吾家?'士庶人曰：'何以利吾身?'上下交征利[①]，而国危矣。万乘之国[②]，弑其君者必千乘之家。千乘之国，弑其君者必百乘之家。万取千焉，千取百焉，不为不多矣。苟为后义而先利，不夺不餍[③]。……"（《孟子·梁惠王上》）

【注释】

①征：追求。

②万乘之国：有一万辆兵车的国家，当时是大诸侯国。

③餍（yàn）：饱，满足。

【译文】

孟子说："……大王说：'怎样才对我的国家有利?'大夫说：'怎样才对我的家庭有利?'士人和百姓们说：'怎样才对我自己有利?'上下互相追逐私利，国家就危险了。在万乘之国里，杀死这个国家君主的，一定是拥有千乘之家的大夫；在千乘之国里，杀死这个国家君主的，一定是百乘之家的大夫。人家一万他一千，人家一千他一百，不能说不多。假如把仁义放在脑后而把私利摆在前面，那么不得到是不会满足的。……"

点 评

利益原则，是人们行为的基本动力和基本原则，可以分为集体的利益、个人的利益、国家和民族的利益。上一级的利益相对于下一级的利益，就是义，就是公；下一级的利益相对于上一级利益，就是利，就是私。一个人只想追逐自己的私利，不顾大义，他肯定要损害别人的私利，所以会招来怨恨。这一点，应该引起为自己谋私利者的警惕。

里仁 4.17

子曰："见贤思齐焉[1]，见不贤而内自省也。"

【注释】

①贤：有道德、有才能的人。

【译文】

孔子说："见到贤人要想着向他看齐，见到不贤的人要在心里反省自己。"

扩展阅读

孟子说："爱人，不亲①，反其仁②。治人，不治，反其智。礼人，不答，反其敬。行有不得者，皆反求诸己。其身正而天下归之。"（《孟了·离娄上》）

【注释】

①亲：亲近。

②反：反省。

【译文】

孟子说："爱别人，别人却不和自己亲近，那就要反省自己的仁德。管理别人，却治理得不好，那就要反省自己的智慧。礼貌待人，人家却不答理，那就要反省自己是否恭敬。凡是行为达不到预期的目的，那都要反省自己。自己行为端正，天下人才会归附。"

点评

行为达不到目的是不是自己的责任呢？这时反省自己，是有好处的。是自己的责任，要加以改正；不是自己的责任，就去克服困难。经常这样做，一定会使自己提高、进步，事情也会办得好。

有些人，出了问题，只知埋怨别人、推卸责任，这样可能会逃避一时的责任，但终究无益。这样下去不仅自己得不到提高，而且养成了一种坏品质，可能会铸就更大的错误。到那时，就悔之莫及了。

一个敢于反省自己、勇于承担责任的人，才是可以信赖、可以托付重任的人。

雍也 6.29

子曰："中庸之为德也[①]，其至矣乎！民鲜久矣。"

【注释】

①中庸：孔子最高的道德标准。中，折中，调和。庸，平常。

【译文】

孔子说："中庸这种品德，该是最高的了。民众缺乏这种品德已经很久了。"

扩展阅读

礼仪三百，威仪三千，待其人而后行。故曰苟不至德[1]，至道不凝焉。故君子尊德性而道问学[2]，致广大而尽精微，极高明而道中庸。(《中庸》第二十七章)

【注释】

①至德：具有最高德行的人。

②道：方法，途径。

【译文】

礼仪的规定有三百条，具体准则有三千种，必须有合适的人才能实行。所以说，假如不是具有最高德行的人，那最高的道也不会凝聚在他的身上。所以君子尊重德行而以求学为途径，目标广大而能穷尽细微，志向高明却能保持中庸。

点评

中庸，是指说话、办事，要恰到好处，既不要过分，也不要不足。日常生活中，几乎处处都有这样的要求。服务业要求微笑，笑不出自然是不足，哈哈大笑又太过分。那么，标准是什么？说到底，所谓过分或不足，是要坚持某种规则的。

关于中庸这种德行，孔子主要针对礼仪中的问题对其进行了论说。在他看来，礼是治理国家最主要的手段。大家都按照礼制的要求去做，国家就会太平。但是孔子发现，当时人们对于礼制的理解，不是过分，就是不足，按照礼制去做的人很少很少。

后人把迈方步、慢言语、似笑非笑、欲行又止看作中庸的表现，这是对中庸的曲解。孔子说的中庸，是针对他所推崇的礼制而言的。今天我们不必施行孔子的礼制，但是要求言行不要过分，也不要不足，则是正确的和必要的。

泰伯 8.13

子曰："笃信好学，守死善道。危邦不入，乱邦不居。天下有道则见[①]，无道则隐。邦有道，贫且贱焉，耻也。邦无道，富且贵焉，耻也。"

【注释】

①见：同"现"。

【译文】

孔子说："坚定地相信我们的道，努力学习它，誓死保全它。危险的国家不去，动乱的国家不住。天下太平就出来工作，不太平就隐居。政治清明，自己贫贱，是可耻的；政治黑暗，自己富贵，也是可耻的。"

扩展阅读

孟子曰："仕非为贫也，而有时乎为贫。娶妻非为养也[①]，而有时乎为养。为贫者，辞尊居卑，辞富居贫。辞尊居卑，辞富居贫，恶乎宜乎？抱关击柝[②]。孔子尝为委吏矣[③]，曰，'会计当而已矣'；尝为乘田矣[④]，曰，'牛羊茁壮长而已矣'。位卑而言高，罪也。立乎人之本朝而道不行，耻也。"（《孟子·万章下》）

【注释】

①养：赡养，此处指照顾自己。

②抱关：看管城门之类。
③委吏：管理仓储的小吏。
④乘田：管理畜牧的小吏。

【译文】

孟子说："做官不是因为贫困，但有时也要甘于贫困。娶妻不是为了照顾自己，而有时是为了照顾自己。安于贫困而做官的，应该辞去高官而居于卑位，辞去厚禄而接受薄俸。辞去高官而居于卑位，辞去厚禄而接受薄俸，那什么职位才合适呢？看门打更之类的职位都可以。孔子曾经做过管理仓库的官，他说，'账目清楚了'；他还曾经做过管理畜牧的官，他说，'牛羊茁壮成长了'。职位低而发高论，是罪过。立在人家的朝廷之上，自己的道却不能推行，这是耻辱。"

点评

孔子认为，出仕是为了行道。如果条件不允许，道不能行，就不要仅仅为了俸禄而出仕。天下有道时，你却贫贱，说明你无能，所以应该感到羞耻。天下无道时，你却富贵，说明你无道，或者和无道者同流合污，所以是可耻的。

关于这一点，孟子作了补充，认为士人也可以因为贫困而出来做官。但这时应该做小官，到收入微薄的职位上去。

天下有道时要努力工作，无道时不要同流合污的道理，今天仍然值得借鉴。不过，天下无道时要不与坏人同流合污，有时会冒生命危险，所以做起来十分不易。有人缺乏这种精神和勇气，常常借"不得已"为自己辩护。这种辩护只能说明他的软弱和卑下，并不值得同情。

子罕 9.14

子欲居九夷[1]。或曰："陋，如之何？"子曰："君子居之，何陋之有？"

【注释】

①九夷：东方夷民族的部落，有人认为在今天淮河流域一带。

【译文】

孔子想去九夷一带居住。有人说："太简陋了，怎么能住？"孔子说："君子住在那里，有什么简陋的？"

扩展阅读

孟子曰："舜生于诸冯，迁于负夏，卒于鸣条[①]，东夷之人也。文王生于岐周[②]，卒于毕郢[③]，西夷之人也。地之相去也千有余里，世之相后也千有余岁，得志行乎中国[④]，若合符节[⑤]。先圣后圣，其揆一也[⑥]。"（《孟子·离娄下》）

【注释】

①诸冯、负夏、鸣条：是被称为"东夷"地区的几个地名。

②岐周：岐山下面的周国。

③毕郢（yǐng）：周文王墓所在地，在今咸阳市东。

④中国：中原地区。

⑤符节：古代表示印信之物，用玉或铜、竹等原料制成虎、龙等形状，或篆刻文字，剖为两半，各执其一，有事则左右相合，以为印信。

⑥揆（kuí）：尺度，准则。

【译文】

孟子说："舜诞生于诸冯，迁到了负夏，死于鸣条，是东夷人。文王诞生于岐周，死于毕郢，是西夷人。两地相距一千多里，时代相距一千多年，他们在中原实现自己志向的情形，就像符节一样相合。以前的圣人和以后的圣人，他们衡量事物的尺度是一样的。"

点评

孔子曾经讲过，人们要选择有仁德的地方居住，现在又说，只要是君子居住的地方，就没有什么简陋的。看来，君子大概用不着选择住处，需要选择住处的只是一般人。不过，认为人能够改变环境的观点，还是可取的。

子罕 9.26

子曰："三军可夺帅[①]，匹夫不可夺志也[②]。"

【注释】

①三军：周朝制度，天子六军，大诸侯国三军，每军12500人。春秋时，大国的三军或称上中下三军，或称左中右三军。这里泛指全国的军队。

②匹夫：普通人。

【译文】

孔子说："一个军队，可以让它丧失主帅；一个人，却不可以夺走他的志向。"

扩展阅读

孟子曰："柳下惠不以三公易其介[1]。"（《孟子·尽心上》）

【注释】

①柳下惠：鲁国大夫展禽。 三公：三位职务最高的官员，此处泛指高官。易：改变。 介：操守。

【译文】

孟子说："柳下惠不会因为三公的职位而改变他的操守。"

点评

一个人的志向能否被剥夺，取决于他自己。实际上，由于各种原因改变志向的事很多。有些改变是合理的，也是必要的，但有些的确是迫于压力。如果说不与无道者同流合污不容易，坚持自己的志向则更加不容易。一个人如果没有自己的志向，或因为外界的压力而不断改变志向，其人格就不足称道了。

子罕 9.28

子曰："岁寒[①]，然后知松柏之后彫也[②]。"

【注释】

①岁：时光。转义为天气。

②彫：通"凋"，凋零，零落。

【译文】

孔子说："天冷了，才知道松柏树是最后落叶的。"

扩展阅读

孟子曰："……夫志，气之帅也[①]。气，体之充也。夫志至焉，气次焉[②]。故曰：'持其志，勿暴其气[③]。'……"（《孟子·公孙丑上》）

【注释】

①气：古人把人体分为三个部分：神（精神）、气、形（形体）。神，相当于今天所说的思维主体。气，相当于今天所说的感情活动。在古人看来，气可以作为一种真实存在而发挥作用。人的精神可以支配气，气也可以影响人的精神活动。孟子关于气与志的讨论，就是在这样的背景下产生的。

②次：跟上。

③暴：扰乱。

【译文】

孟子说："……意志，是气的统帅。气，充满体内。意志到了哪里，气就会跟着到哪里。所以说：'要坚定自己的思想意志，也不要滥用感情意气。'……"

点评

理性思维可以影响人的感情状态，但未必能够调动人的情感状态。一个怯懦的人，即使知道应该如何做，在需要勇敢面对的关头，也不能挺身而出。所以，情感状态需要培养。生活的磨练，可以使怯懦者勇敢，使软弱者刚强，也可以使急躁者、易怒者改变他们的性格。那种认为血型决定性格、生来就一成不变的说法，是没有根据的。

要具有松柏那样的情操，需要坚毅、刚强的性格。只要努力，这样的情操和性格都可以培养、造就出来。

颜渊 12.16

子曰："君子成人之美[1]，不成人之恶。小人反是。"

【注释】

①成：促成，成就。

【译文】

孔子说："君子促成别人的好事，不促成别人的坏事。小人与此相反。"

扩展阅读

孟子曰："子路，人告之以有过则喜。禹闻善言则拜。大舜有大焉：善与人同①。舍己从人，乐取于人以为善。自耕稼、陶、渔以至为帝，无非取于人者。取诸人以为善，是与人为善者也。故君子莫大乎与人为善。"（《孟子·公孙丑上》）

【注释】

①与：称赞，帮助。

【译文】

孟子说："子路这个人，别人指出他的错误就会高兴。大禹，听到有益的言论就向人致敬。舜就更加伟大：在行善上，自己和别人没有区别。放弃自己的主张而服从别人，乐于采纳别人的意见去行善。从他种田、制陶、打鱼的时候一直到称帝，没有不采纳别人意见的。采纳别人的意见去行善，就是称赞和帮助别人行善。所以君子的德行再没有比帮助别人行善更高的了。"

点 评

成人之美，与人为善，在今天依然是具有时代意义的成语和格言。祝愿这样的美德不断发扬光大。

颜渊 12.23

子贡问友。子曰："忠告而善道之[①]，不可则止，无自辱焉。"

【注释】

①善道：循循善诱、委婉曲折地说。

【译文】

子贡问如何交朋友。孔子说："提出忠告并且好好地引导他，不听就停止，不要自讨没趣。"

扩展阅读

孟子曰："人之患[1]，在好为人师。"（《孟子·离娄上》）

【注释】

①患：毛病，缺点。

【译文】

孟子说："人的毛病，在于喜欢当别人的老师。"

点评

如果朋友言行不当，不提出忠告，是没有尽到朋友的责任。或者说，这样的朋友仅仅是酒肉朋友，而不是真正的朋友。提出了忠告，并且循循善诱、委婉曲折地讲道理，如果朋友还是听不进去，那就不应再强说了。一来这是尊重朋友的人格，二来在这种情况下强说也无用，反而会使朋友不快，影响友谊。一般情况下，应该等待朋友自己觉悟。

一个人好为人师，是自满的表现。总想教导别人，也就难以从别人那里汲取好的东西。而在对待朋友时，也往往会把自己的意见强加于人。无论从哪一方面说，好为人师都不是一种优点。

子路 13.20

子贡问曰："何如斯可谓之士矣？"子曰："行己有耻。使于四方，不辱君命，可谓士矣。"

曰："敢问其次？"曰："宗族称孝焉，乡党称弟焉。"

曰："敢问其次？"曰："言必信，行必果，硁硁然小人哉[①]！抑亦可以为次矣。"

曰："今之从政者何如？"子曰："噫！斗筲之人[②]，何足算也！"

【注释】

①硁硁（kēng kēng）然：浅薄固执的样子。

②斗筲（dǒu shāo）之人：气量狭小、目光短浅的人。斗，古代量名，一斗十升。筲，竹器，一筲盛一斗二升。

【译文】

子贡问道："怎样才可以算作'士'？"孔子说："一言一行自己要有羞耻之心。出使别国，很好地完成君主的使命，可以算作'士'了。"

子贡说："请问次一等的。"孔子说："本宗族的人都称赞他孝顺，乡亲们都称赞他恭敬尊长。"

了贡又问："请问再次一等的。"孔子说："说话一定算数，办事一定坚决果敢，尽管是一个浅薄固执的小人物，也可以算作再次一等的士了。”

子贡问：“现在掌权的人怎么样?”孔子说：“唉！这些器识狭小的人，算得了什么！”

扩展阅读

孟子曰：“大人者[1]，言不必信，行不必果，惟义所在。”(《孟子·离娄下》)

【注释】

①大人：有德行的人。

【译文】

孟子说：“有德行的人，说话未必守信，办事未必坚决果敢，但一切都会依义行事。”

点评

如果仅仅是说话算数，办事坚决，而缺乏原则，这样虽然是对朋友讲了义气，却对社会造成了危害。假如朋友本身是个坏人，那么，这种品德就足以成人之恶，甚至助纣为虐了。

因为有这种前提，所以大人物在履行自己诺言的时候，往往要考虑这样做是不是符合国家和人民的利益，而不仅仅是自己曾经作过什么承诺。这就是所谓“义之所在”。

子路 13.22

子曰："南人有言曰：'人而无恒，不可以作巫医[①]。'善夫。"

"不恒其德，或承之羞[②]。"子曰："不占而已矣。"

【注释】

①巫医：巫和医，或指用巫术医病的人。

②不恒其德，或承之羞：《周易·恒卦·九三爻》的爻辞。

【译文】

孔子说："南方人有这样一句话：'一个人如果没有长期一贯的品德，就连巫医都做不了。'这话说得好啊！"

《易经·恒卦》的爻辞说："没有长期一贯的品德，就可能受到羞辱。"孔子说："这句话的意思是叫无恒心的人不必去占卜罢了。"

扩展阅读

不恒其德，无所容也[①]。（《周易·象传·恒九三》）

【注释】

①无所容：没有使他可以容身的地方。

【译文】

没有长期一贯的品德，就没有立足之地。

点评

在人类的童年期，人们认为世上的一切都由神灵主宰，而能把人的意思传达给神灵，把神灵的指示传达给人的，就是巫，所以巫有着十分崇高的社会地位。巫往往用降神的方法为人治病，这样的方法就是巫术的一种。同时，医生治病也常常求助神灵。那时候，巫和医这两种职务往往由一人承担，被称为“巫医”。

在孔子时代，人们已经知道，神灵并不能主宰一切，有许多事情是由人来决定的。于是，那些能凭自己的智慧授意于人的人，地位就提高了。他们有的是政治家，有的是思想家，有的是军事家、发明家……这时，巫医的地位随之下降了。一个人没有长期一贯的品德，连巫医都做不了，更不必说别的。

《周易》是古代的一部占卜书，书中的文字分为卦辞、爻辞，都是供占卜用的。但是像“没有长期一贯的品德，就可能受到羞辱”的事，在孔子看来，是不用占卜就可以知道的。

《周易·象传》对这一爻解释得很好，它说一个没有长期一贯品德的人，无所容身。我们想一想，谁能喜欢一个反复无常的人呢？谁又敢使用这样的人呢？

在今天，人们已经懂得，神灵是不存在的。在这样的时代，要能有容身之地、受到人们欢迎，首先必须完善自己的品德。

子路 13.25

子曰："君子易事而难说也[①]。说之不以道，不说也；及其使人也，器之[②]。小人难事而易说也。说之虽不以道，说也；及其使人也，求备焉。"

【注释】

①说：通"悦"。

②器：才能，本领。

【译文】

孔子说："在君子手下做事容易，但难以取悦他。不用正当的方法取悦他，他不会欢喜；等到他使用人的时候，却根据人的才能去分配任务。在小人手下做事难，但容易取悦他。用不正当的方式取悦他，他还是会欢喜。等到他使用人的时候，会百般挑剔，求全责备。"

扩展阅读

公行子有子之丧[①]，右师往吊[②]。入门，有进而与右师言者，有就右师之位而与右师言者。孟子不与右师言。右师不悦，曰："诸君子皆与驩言，孟子独不与驩言，是简驩也[③]。"孟子闻之，曰："礼，朝廷不历位而相与言，不逾阶而相揖也。我欲行礼，子敖以我为简，不亦异乎？"（《孟子·离娄下》）

【注释】

①公行子：齐国大夫。

②右师：官名。右师名王驩（huān），字子敖。

③简：怠慢。

【译文】

公行子丧子，右师去吊丧。进门，有走上前与右师打招呼的，有走到右师座位跟前和右师交谈的。孟子不和右师打招呼。右师不高兴，说："诸位先生都和我王驩打招呼，只有孟子不和我讲话，这是怠慢我王驩啊！"孟子听了，说道："按照礼仪规定，在朝廷上不许越位互相交谈，不许越过行列互相作揖。我遵礼而行，子敖却认为我是怠慢他，不是有点奇怪吗？"

点评

王驩就是个"难事而易说"的小人，违背规定去讨好他，他才高兴。从这个方面，可以判断一个人的品质。

宪问 14.34

或曰："以德报怨[①]，何如？"子曰："何以报德？以直报怨[②]，以德报德。"

【注释】

①德：恩。

②直：公平正直的原则。

【译文】

有人问："用恩德来回报怨恨，可以吗？"孔子说："怎样回报恩德？（应该是）以公平正直回报怨恨，用恩德回报恩德。"

扩展阅读

孟子告齐宣王曰："君之视臣如手足，则臣视君如腹心。君之视臣如犬马，则臣视君如国人[①]。君之视臣如土芥[②]，则臣视君如寇仇。"（《孟子·离娄下》）

【注释】

①国人：一般人，无关的人。

②土芥：泥土和小草。

【译文】

孟子告诉齐宣王说："君主把臣子视为手足，那么臣子就会把君主视为腹心。君主把臣子视为狗马，那么臣子就会把君主视为一般的人。君主把臣子视为泥土和草芥，那么臣子就会把君主视为强盗和仇敌。"

点评

孟子对君臣关系的论述，体现的正是以德报德、以直报怨的思想。没有原则地只讲宽恕，不是好品质。

卫灵公 15.8

子曰："可与言而不与之言，失人；不可与言而与之言，失言。知者不失人，亦不失言。"

【译文】

孔子说："可以与他交谈却不去交谈，是看错了人；不可以与他交谈却和他交谈，是说错了话。聪明的人不看错人，也不说错话。"

扩展阅读

孟子曰："不仁者可与言哉？安其危而利其菑[①]，乐其所以亡者。不仁而可与言，则何亡国败家之有！"（《孟子·离娄上》）

【注释】

①菑（zāi）：同"灾"。

【译文】

孟子说："不仁的人，可以和他谈论吗？看到别人的危险无动于衷，从别人的灾祸中牟取利益，把那些导致灭亡的事情当作快乐。如果可以和不仁的人谈论，哪里还有亡国败家的事！"

点评

不可与言者的种类很多，但他们的共同特点是听不进别人的劝告，自以为是。或钻牛角尖而不能自拔，或趾高气扬不可一世，或品质恶劣而不愿悔改。假如真的碰到这样的情况，最好是不讲话。不过，这样的人若是自己的朋友，还是要尽量劝说。

卫灵公 15. 12

子曰："人无远虑，必有近忧。"

【译文】

孔子说："人如果没有长远的打算，一定会有眼前的忧患。"

扩展阅读

孟子曰："无罪而杀士，则大夫可以去。无罪而戮民，则士可以徙。"(《孟子·离娄下》)

【译文】

孟子说："士人无罪而被杀，那么大夫就可以离开了；民众无罪而被杀，那么士就可以出走了。"

点评

士人无罪被杀，下一步就轮到大夫了；民众无罪被杀，下一步就轮到士了。

这不过是远虑的一个例子。现实生活中，大到前途、理想，小到生活琐事，都存在远虑近忧之类的问题，所以人人都应有长远的打算。

卫灵公 15.17

子曰："群居终日，言不及义[1]，好行小慧，难矣哉！"

【注释】

①义：此处指正经事的道理。

【译文】

孔子说："整天聚在一起，不谈论有道理的话题，爱耍小聪明，（对这种人）难办啊！"

扩展阅读

王子垫问曰[①]："士何事？"孟子曰："尚志。"曰："何谓尚志？"曰："仁义而已矣。杀一无罪，非仁也。非其有而取之，非义也。居恶在？仁是也。路恶在？义是也。居仁由义，大人之事备矣。"（《孟子·尽心上》）

【注释】

①王子垫：齐王之子，名垫。

【译文】

王子垫问道："士人都干些什么？"孟子说："使志向高尚。"问："怎样才算使志向高尚？"回答道："不过是行仁义罢了。杀死一个无罪的人，就是不仁。不是自己的却要夺取，就是不义。士居于何处？就是仁。士行走的道路在哪里？就是义。居于仁而把义作为道路，伟大的人要做的事也就齐备了。"

点 评

古人所说的"义"，未必就是今天人们要遵守的道理。但是整天聚在一起闲聊，卖弄小聪明，确实是非常无聊的事。孔子不赞成这样，今天我们同样不赞成这样。爱因斯坦说过，成功的原因之一，就是少说废话。的确，一个人把说废话的功夫用在正事上，一定会有所成就。

卫灵公 15.24

子贡问曰："有一言而可以终身行之者乎？"子曰："其恕乎！己所不欲，勿施于人。"

【译文】

子贡问道："有没有一句话可以作为终身奉行的指导？"孔子说："大概就是恕吧！自己不想要的，不要强加给别人。"

扩展阅读

孔子曰："道二，仁与不仁而已矣。"（《孟子·离娄上》）

【译文】

孔子说："治国之道只有两条，行仁政和不行仁政罢了。"

点评

"己所不欲，勿施于人"，是孔子一贯的思想，仅在《论语》里就出现过两次。与此相关，就应该是己之所欲，应施于人，即孔子所说"己欲立而立人，己欲达而达人"。这是一个问题的两个方面，孔子都讲到了。孔子还主张以德报德，以直报怨，其思想也明确而清晰。所以，这里的"恕"，不是宽恕，而是从自己出发，去推想别人。这是孔子一贯主张的求仁方法。而"己所不欲，勿施于人"，也是针对求仁者提出的。对于追求不仁的人，那就应该是另一种说法了。

阳货 17.13

子曰："乡愿[1]，德之贼也。"

【注释】

①乡愿：《孟子》作"原"。指一种谨慎小心，没有原则，处处奉迎巴结的人。

【译文】

孔子说："没有原则，处处奉迎巴结的人，是道德的危害者。"

扩展阅读

万子曰："一乡皆称原人焉，无所往而不为原人，孔子以为德之贼，何哉？"曰："非之无举也[①]，刺之无刺也[②]。同乎流俗，合乎污世。居之似忠信，行之似廉洁。众皆悦之，自以为是，而不可与入尧舜之道，故曰'德之贼'也。"（《孟子·尽心下》）

【注释】

①无举：说不出什么缺点。

②无刺：没有可以抨击的地方。

【译文】

万章说："全乡都称赞他是好人，他也到处表现为一个好人，孔子却认为他是危害道德的人，为什么呢？"（孟子）回答道："要批评，却说不出他有什么缺点；想抨击，不知该从何处入手。他追随世上流行的东西，和污浊的世道同流。为人处事好像是忠诚信义之士；行为举止又像是清正廉洁之人。大家都喜欢他，他也自以为是，但是无法把他融进尧、舜之道，所以说他是'危害道德的人'。"

点 评

乡愿，就是现在说的老好人。谁也不得罪，对谁都挺好。孔子、孟子都认为这样的人不是真正的好人，很有道理。

孔子论鬼神天命

为政 2.24

子曰："非其鬼而祭之，谄也。见义不为[1]，无勇也。"

【注释】

①义：适当，应该。

【译文】

孔子说："不是自己该祭的鬼却去祭祀，是谄媚。看到应该做的事不做，是没有勇气。"

扩展阅读

神不歆非类[1]，民不祀非族。(《左传·僖公十年》[2])

【注释】

①歆（xīn）：接受祭祀。

②《左传》：左丘明著。是一部记载春秋时期历史的书。后来儒者们把它和《春秋》合在一起，作为对《春秋》的注释，称《春秋左传》，为儒经之一。

【译文】

神不接受别人的祭祀，民众不祭祀自己家族之外的鬼神。

点评

中国古人认为，人死后，还要继续过着和在世时大体相同的“生活”。活着的人对待死者，应该像他们在世时那样。这是中国古人对待鬼神的基本原则之一。人活着时，不随便吃别人的饭，也不随便把自己的饭给别人吃。死后，人们原则上也只能祭祀自家的鬼神，鬼神也只接受自家人的祭祀。假如鬼神随便接受别人的祭祀，就像一个活着的人随便吃人家的饭，是不光彩的事。活着的人要祭祀别家的鬼神，就像他用礼物讨好别人一样。所以孔子说，不是自家的鬼而去祭祀，就是谄媚。

把这件事和“见义不为”连在一起，就是批评有些人该做的事不做，不该做的事反而去做。

八佾 3.6

季氏旅于泰山[①]。子谓冉有曰[②]："女弗能救与？"对曰："不能。"子曰："呜呼！曾谓泰山不如林放乎[③]？"

【注释】

①季氏：鲁国大夫，当时掌握了鲁的权力。　旅：一种祭礼。　泰山：泰山神。

②冉有：姓冉，名求，字子有，孔子弟子，当时做季氏的管家。

③林放：鲁国人，曾经向孔子请教关于礼的问题，孔子认为他的问题很重要。

【译文】

季氏将去祭祀泰山。孔子对冉有说："你不能阻止这种行为吗？"冉有回答说："不能。"孔子说："唉！竟可以说泰山之神还不如林放（懂礼，居然接受这不合规矩的祭祀）吗？"

扩展阅读

天子祭天地，诸侯祭社稷[1]，大夫祭五祀[2]。天子祭天下名山大川。五岳视三公[3]，四渎视诸侯[4]。诸侯祭名山大川之在其地者。(《礼记·王制》)

【注释】

①社稷："社"指土神，"稷"指谷神。

②五祀：五种神灵，说法不一。

③五岳：即北岳恒山，南岳衡山，东岳泰山，西岳华山，中岳嵩山。视：参照，等同于。

④四渎：即黄河、长江、淮河、济水。渎，沟渠，水道。

【译文】

天子祭祀上天和大地，诸侯祭祀社稷神，大夫祭祀五祀神。天子祭祀天下的名山大川。五岳的规格等同于三公，四渎等同于诸侯。诸侯祭祀其封地之内的名山大川。

点评

泰山只有鲁国君主才可以祭祀，季氏是鲁国大夫，却要行祭祀之礼。孔子认为这是严重违背礼制的行为，要求冉有制止。当冉有表示不能制止时，孔子就指出，泰山神是不会接受季氏祭祀的，因为他僭越了礼制。

季氏祭祀泰山，就是一种"非其鬼"之祭。这种行为破坏了礼制，也就破坏了上下尊卑的等级秩序，因而孔子坚决反对。

八佾 3.12

祭如在，祭神如神在。子曰："吾不与祭①，如不祭。"

【注释】

①与（yù）：参与。

【译文】

孔子祭祀祖先时，好像祖先真的在场；祭神的时候，又好像神真的在场。孔子说："我如果不能亲自参加祭祀，是不会请别人代理的。"

扩展阅读

齐之日[①]，思其居处[②]，思其笑语，思其志意，思其所乐，思其所嗜。齐三日，乃见其所为齐者。祭之日，入室，僾然必有见乎其位[③]。周还出户[④]，肃然必有闻乎其容声[⑤]。出户而听，忾然必有闻乎其叹息之声[⑥]。(《礼记·祭义》)

【注释】

①齐：通“斋”。祭神之前整洁身心的行为。

②居处：在世时的样子。

③僾（ài）然：仿佛看见。

④周还：祭祀行礼时的进退周旋。

⑤肃然：非常庄重的样子，又似乎窸窣作响。

⑥忾（kài）然：叹息声。

【译文】

斋戒的日子里，思念亲人的模样，思念亲人的笑语，思念亲人的志向，思念亲人的快乐，思念亲人的嗜好。斋戒三天，就会见到将要祭祀的亲人。祭祀的日子，进入室内，仿佛看到、亲人在座位上。祭祀行礼时走出室外，必然会看到听见亲人的容貌、声响。祭祀完毕走出室外静心聆听，必然能够听到亲人慨然叹息的声音。

点评

《礼记》对祭祀过程的描述，就是所谓“祭如在，祭神如神在”的注解。孔子这话，是慨叹他由于某种原因，不能亲自祭祀，所以不能感受那“如在”“如神在”的情境。

八佾 3.13

王孙贾问曰[①]："与其媚于奥[②]，宁媚于灶[③]，何谓也？"子曰："不然。获罪于天，无所祷也。"

【注释】

①王孙贾：卫国君主的宠臣。

②奥：居室的西南角，此处指主管居室隐蔽处的神。一般认为他比灶神尊贵。

③灶：灶神。虽不如奥神尊贵，但负责日常事务。王孙贾用灶神和奥神的关系，比喻他和卫国君主的关系，暗示孔子要见君主，应该首先讨好他。

【译文】

王孙贾问道："与其讨好奥神，不如讨好灶神，是什么意思？"孔子说："不能这样说。如果得罪了上天，祷告也没有用了。"

扩展阅读

孟子曰："天下有道，小德役大德[1]，小贤役大贤。天下无道，小役大，弱役强。斯二者，天也。顺天者存，逆天者亡。"（《孟子·离娄上》）

【注释】

①役：役于，此处省略了"于"。

【译文】

孟子说："天下有道时，德行小的受德行大的支配，才能小的受才能大的支配。天下无道时，力量小的受力量大的支配，力量弱的受力量强的支配。这两种情况，是上天的安排。顺应上天者存在，违背上天者灭亡。"

点评

孔子不愿讨好王孙贾这个小人，于是说"获罪于天，无所祷"。这话说明，在孔子心目中，上天是绝对公平正直的，不会因为人们讨好它就改变主张。

八佾 3.24

仪封人请见[①]。曰："君子之至于斯也，吾未尝不得见也。"从者见之。出，曰："二三子何患于丧乎[②]？天下之无道久矣，天将以夫子为木铎[③]。"

【注释】

①仪：地名。　封人：边防官。

②二三子：诸位先生。　丧：丧失职位。

③木铎：铜质木舌的铃铛，古代官府用它做传达政令的工具，比喻上天将把孔子作为传达自己意志的代言人。

【译文】

仪封人求见。说：所有到这个地方的有道德学问的人，我从没有不和他见面的。随从的人让他见了孔子。他出来后，说道："诸位先生何必担心没有职位呢！天下无道已经很久了，上天就要让夫子做他意志的代言人了。"

扩展阅读

《书》曰[①]：天降下民，作之君，作之师。惟曰其助上帝，宠之四方[②]。(《孟子·梁惠王下》)

【注释】

①书：《尚书》。见《伪故尚书·泰誓》篇。这一段是孟子转引《尚书》中的话，也是儒家对人神关系的基本看法。这个看法就是：民众，是上天降生的。上天为了治理民众，给他们设立了君主和导师。君主和导师的任务，就是协助上天，把上天的恩惠送到四面八方。

②宠：宠爱。

【译文】

《尚书》说：上天降生了民众，也为他们设立了君主和导师。君主和导师的唯一任务是协助上帝来爱护民众。

点评

在仪封人看来，孔子就是上天为民众选择的导师。实际上，孔子也把自己作为传达上天意志的人。孔子的继承者也都认为，孔子就是上天为民众选择的导师。

雍也 6.22

樊迟问知。子曰："务民之义，敬鬼神而远之[①]，可谓知矣。"

【注释】

①远（yuàn）：及物动词。疏远，不去接近的意思。

【译文】

樊迟问怎样才算聪明。孔子说："致力于让民众走向'义'，尊敬鬼神但要疏远他，可算是个聪明人了。"

扩展阅读

祭不欲数[①]，数则烦，烦则不敬。祭不欲疏[②]，疏则怠，怠则忘。(《礼记·祭义》)

【注释】

①数（shuò）：次数太多。

②疏：次数太少。

【译文】

祭祀不能次数太多，次数太多就烦扰，烦扰就是不恭敬。祭祀不能次数太少，太少就懈怠，懈怠就会忘记。

点评

《礼记》所说的，是儒者们共同遵守的对待鬼神的一般原则。孔子所说的“敬鬼神而远之”，就是这个原则的贯彻。依据这个原则，祭祀不能太频繁，而要稍微少一些，否则会烦扰鬼神。

事实上，孔子把对待人的原则用在了鬼神上，成为儒者们一切事神言行的基础。

述而 7.21

子不语怪，力，乱，神。

【译文】

孔子不讲怪异、勇力、叛乱和鬼神。

扩展阅读

非其所祭而祭之，名曰淫祀[1]。淫祀无福。（《礼记·曲礼下》）

【注释】

①淫祀：本义指祭祀那些不该自己祭祀的鬼神。后来一般指祭祀那些规定之外的鬼神，即乱神。淫，过分。

【译文】

不是所应当祭的而去祭祀，叫做“淫祀”。淫祀不会得到保佑。

点评

反对淫祀，是为了保证正规的祭祀。一切宗教，为了维护自己正常的信仰，都反对淫祀。时至今日，有些人还是什么神都祭，什么神都拜。即使鬼神确实存在，按儒者们的意见，这样的行为也不会给他带来幸福。

历史上，在正规的宗教之外，总是伴随着淫祀的存在。儒者们反对淫祀，目的是维护正规的祭祀；而维护正规的祭祀，其目的又是维护正常的社会秩序。鬼神是不存在的，但是在鬼神名义下所进行的斗争，反映着实际利益的冲突和现实的需要。

所谓怪、力、乱、神，其实也是一种历史遗产。上古神话中的神祇，都具有某种特异的能力。孔子不讲这些，说明孔子已经认识到这些怪力是不存在的。这在当时，是一种进步的思想。可时至今日，许多人仍然对怪力津津乐道，甚至信以为真，就是十分糊涂并且愚昧的事了。

述而 7.23

子曰："天生德于予①，桓魋其如予何②？"

【注释】

①德：品质，这里指一种特别的品质。

②桓魋（tuí）：宋国的司马，他想加害于孔子。

【译文】

孔子说："上天赋予我特别的品质，桓魋又能把我怎样？"

扩展阅读

盖自天降生民，则既莫不与之以仁义礼智之性矣。然其气质之禀或不能齐，是以不能皆有以知其性之所有而全之也。一有聪明睿智能尽其性者出于其间，则天必命之以为亿兆之君师，使之治而教之，以复其性。此伏羲、神农、黄帝、尧、舜所以继天立极[①]，而司徒之职、典乐之官所由设也[②]。……

及周之衰，贤圣之君不作，学校之政不修，教化陵夷，风俗颓败。时则有若孔子之圣，而不得君师之位以行其政教，于是独取先王之法，诵而传之，以诏后世。(朱熹《大学章句序》)

【注释】

①伏羲、神农、黄帝：儒家传说中的上古的三位圣帝明王，是上天选定的君主。

②司徒之职、典乐之官：泛指辅佐君主的官吏，相当于民众导师的地位。

【译文】

自从上天降生了百姓之后，就已经赋予了他们仁义礼智的本性。然而他们从上天那里所禀受的气质参差不齐，所以并不都能知道自己本性中的蕴涵从而加以保全。一旦有那聪明智慧、能够尽知自己本性蕴含的人出现在民众中间，上天就一定要任命他为亿万百姓的君主或导师，让他治理和教化民众，使百姓天赋复归自己的善良本性。这就是伏羲、神农、黄帝、尧、舜根据天意建立制度，设置司徒一类职务和主管音乐一类官吏的原因。

等到周朝衰落，贤能圣明的君主没有出现，学校教育的事也无人过问，对民众的教育停滞了，社会风气衰败了。这时则有像孔子这样的圣人，却不能得到君主或导师的职位来推行他们的政治和教化，于是自己拿来古代圣帝明王的制度法令，进行鼓吹并且加以传播，用来明示后代之人。

点 评

不仅孔子认为上天赋予了自己特别的品质和使命，儒者们也认为孔子就是上天所选中的君主或导师。时至今日我们依然认为，孔子的确是中华民族历史上的伟大人物，他为中华民族作出了伟大的贡献，更是毋庸置疑。

子罕 9.5

子畏于匡[①]。曰："文王既没[②]，文不在兹乎[③]？天之将丧斯文也，后死者不得与于斯文也[④]。天之未丧斯文也，匡人其如予何？"

【注释】

①畏：遇到了危险，指匡人把孔子当成了危害他们的阳虎，要加害于孔子。　匡：地名。

②文王：周文王，周朝开国君主，周武王的父亲，他为周朝战胜商朝奠定了基础，是儒者心目中的圣人之一。

③文：大道的文饰，即各种规范制度等，这里指大道。把大道说成是文，是孔子谦虚的表现。

④后死者：孔子自称。

【译文】

孔子被匡地的群众拘禁，便说："周文王死了以后，一切文化遗产不都在我这里吗？天若是要消灭这种文化，那我也不会掌握这些文化了；天若是不消灭这一文化，那匡人又能把我怎么样呢？"

扩展阅读

夫天未欲平治天下也[1]，如欲平治天下，当今之世，舍我其谁也？(《孟子·公孙丑下》)

【注释】

①平治：获得太平，治理得好。

【译文】

上天是不想让天下太平吧，如果想让天下太平，在当今这个世界上，除了我还有谁呢？

点评

从孔子和孟子的自我评价来看，他们都认为自己是肩负上天使命的伟大人物。上天自然是不存在的，但那种自觉担负伟大社会责任的精神却是非常可贵的。伟大人物之所以伟大，就在于他们能够自觉地担负起社会的责任和历史的使命。

子罕 9.9

子曰："凤鸟不至[①]，河不出图[②]，吾已矣夫！"

【注释】

①凤鸟：凤凰，传说中的神鸟，据说它的出现预示着上天选择了新的天子。

②图：河图，即八卦图，也是预示新的天子要出现的神物。孔子没有看到这两件东西，认为是上天不让他执行贯彻大道的任务。

【译文】

孔子说："凤凰不来，黄河也不出图，我的这一生恐怕是完了啊！"

扩展阅读

万章问曰："人有言：'至于禹而德衰，不传于贤而传于子'，有诸？"孟子曰："否，不然也。天与贤，则与贤；天与子，则与子。……舜、禹、益[①]，相去久远，其子之贤、不肖[②]，皆天也，非人之所能为也。莫之为而为者，天也；莫之致而至者，命也。匹夫而有天下者，德必若舜、禹而又有天子荐之者，故仲尼不有天下。"（《孟子·万章上》）

【注释】

①益：禹的助手。禹死后没有把帝位让给益，而是由自己的儿子启继承了帝位。因此，有人认为禹的德行不如尧、舜。尧给舜，舜给禹，都是由于舜、禹德高而贤能。禹没有给益，是因为益不如禹的儿子启德高而贤能。孟子认为，他们的德行高低，才能大小，都是上天的安排。

②不肖：不像，指缺乏他父亲的德行和才能。

【译文】

万章问道："人们说：'到了禹德行就衰退了，他不把帝位传给贤者而传给儿子。'是这样吗？"孟子说："不，不是这样的。上天要给予贤者，就给予贤者；上天要给予儿子，就给予儿子。……舜和禹、益，时代距离的远近，儿子的好坏，都是上天的安排，不是人所能办到的。不去做而竟然这样做了，这是天意啊。不招致却竟然来了，这是命啊。普通人能够统治天下的，德行一定要像舜、禹，并且又有天子向上天推荐，（孔子有才能，却没有天子的推荐，）所以孔子没有能够统治天下。"

点评

孔子把替天行道看作自己的使命，所以因为没有见到凤凰和河图而失望。在孟子及后世的儒者看来，孔子是应该做天子而没有能够做天子的人。孟子把这个原因归结为没有天子向上天推荐。孟子等人对孔子的看法，和孔子在世时人们（如仪封人）对孔子的看法是一致的。这个看法会帮助我们理解古人的言论和事业。

先进 11.12

季路问事鬼神[1]。子曰："未能事人，焉能事鬼？"

"敢问死。"曰："未知生，焉知死？"

【注释】

①季路：即子路。

【译文】

子路问如何侍奉鬼神。孔子说："尚不能侍奉人，如何能侍奉鬼？"

"请问死是怎么回事？"答："不懂得生，怎能懂得死？"

扩展阅读

问事鬼神，盖求所以奉祭祀之意。而死者人之所必有，不可不知。皆切问也。然非诚敬足以事人，则必不能事神；非原始而知所以生，则必不能反终而知所以死。盖幽明始终[①]，初无二理[②]，但学之有序，不可躐等[③]，故夫子告之如此。（朱熹《论语集注·先进》）

【注释】

①幽：暗，指鬼神的世界。　明：指人的世界。

②初：本来。

③躐（liè）：超越。

【译文】

（子路）问如何侍奉鬼神，是寻求为什么要进行祭祀的道理。死是每个人都会面临的一件事，不可不知道它的道理。这都是非常重要的问题。然而假如不是他的诚意和恭敬足以侍奉好在世的人，就必然不能侍奉好鬼神；不是考察了人的开始从而知道生的道理，就必然不能返回到终点从而知道死的道理。因为幽暗的鬼神世界和光明的人的世界，本来都遵循一个道理。只是学习要有个顺序，不能超越等级，所以夫子这样回答他。

点评

把鬼神的世界看得和人的世界一样，是儒者们对待生死、鬼神的基本思想。只有深刻理解了这一点，才能理解儒家有关鬼神的各种言论。

季氏 16.8

孔子曰："君子有三畏：畏天命，畏大人，畏圣人之言。小人不知天命而不畏也，狎大人①，侮圣人之言②。"

【注释】

①狎（xiá）：轻视。

②侮：戏弄。

【译文】

孔子说："君子有三大畏惧：畏惧天命，畏惧大人物，畏惧圣人的话。小人不懂得天命所以不畏惧，轻视大人物，戏弄圣人的话。"

扩展阅读

孟子曰："莫非命也，顺受其正。是故知命者不立于岩墙之下[①]。尽其道而死者，正命也。桎梏死者[②]，非正命也。"（《孟子·尽心上》）

【注释】

①岩墙：将要倒塌的危墙。

②桎梏：罪犯戴的枷锁。

【译文】

孟子说："没有什么不是命运决定的，顺应规律行事，就会得到正常的命运。所以了解命运的人不会站在危墙之下。尽力行道而死的，所受的是正常的命运。作为罪犯被处死的人，所受的不是正常的命运。"

点 评

神灵观念的产生，是由于人类对自然界和社会现象的无知或少知。神灵观念产生之后，社会上的某种势力为了自己的利益，又着意宣扬、强化这种观念，从而使它长期存在下来。

事实上，神灵是不存在的，所以有关神灵的问题有许多自相矛盾的地方。古代许多思想家揭露过神灵观念的虚妄。在近代科学成果的支持下，人类终于有可能彻底否认神灵的存在。

然而在古代，人们无法摆脱有神论观念。那时的人们认为，世界上的一切都是上天在主宰着，即使像孔子、孟子这样伟大的思想家也是这样认为。所以孔子畏惧天命，孟子认为一切都是天命决定的。

古人高尚的品德，观察事物的深刻而敏锐的眼光，对当时各种思想问题的机智而周到的论述，都是我们的宝贵财富。但他们头脑中的鬼神观念，则提醒我们要避免类似的错误。

孔子论治国

为政 2.1

子曰："为政以德，譬如北辰[①]，居其所而众星共之[②]。"

【注释】

①北辰：北极星。

②共：通"拱"，归向。

【译文】

孔子说："用德行治理国家，就像北极星，在一定的位置上而所有的星星都围绕着它。"

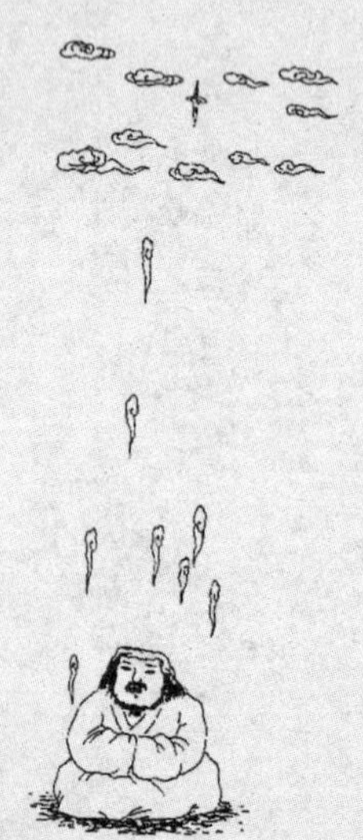

扩展阅读

王如施仁政于民[①]，省刑罚[②]，薄税敛，深耕易耨[③]。壮者以暇日修其孝悌忠信，入以事其父兄，出以事其长上，可使制梃以挞秦楚之坚甲利兵矣[④]。(《孟子·梁惠王上》)

【注释】

①王：指梁惠王。

②省：减免。

③易：整治。　耨（nòu）：锄草。

④梃（tǐng）：木棒。　兵：兵器，刀、矛、戈、戟之类。

【译文】

大王假如对民众实行仁政，减免刑罚，减轻赋税，深耕细耘，早除杂草；年轻人在闲暇的日子讲求孝悌忠信等道德，并且在家好好侍奉父母兄长，在外好好侍奉上级，这样，就是用他们制造的木棒也可以战胜拥有坚牢甲胄和锋利兵器的秦楚军队。

点评

孔子的政治主张，可归结为德政。孟子的政治主张，可归结为仁政。名称不同，但大体一致，都是以仁义来治理国家。而孔子、孟子之所以讲求仁义、为学、修身等等，其目的不仅仅是要人们做好人，而是要治理整个国家。这一点，是我们应该了解，并且应该记住的。因为只有明白了他们讲仁义的出发点，才能深刻地理解仁义本身。

为政 2.3

子曰："道之以政[1]，齐之以刑[2]，民免而无耻。道之以德，齐之以礼，有耻且格[3]。"

【注释】

①道：引导。

②齐：使之整齐。

③格：至，来。

【译文】

孔子说："用政策来引导，用刑罚来约束，民众只暂时免于刑罚却不觉羞耻。用道德来引导，用礼仪来约束，民众有了羞耻之心并且会人心顺服。"

扩展阅读

老吾老，以及人之老；幼吾幼，以及人之幼。天下可运于掌。(《孟子·梁惠王上》)

> **【译文】**
>
> 把对自家老人的尊敬，推广到别家的老人；把对自家孩子的爱护，推广到别家的孩子。天下都可以掌握在手心里。

点 评

孔子、孟子都主张把道德教化作为治国的根本手段，如此是否就能把天下掌握在手心里呢？这点可以不必讨论。但道德教育有助于社会安定，则是无可厚非的。而施行道德教化的必要条件，是治国者自己首先要道德高尚，否则就只有依靠刑罚了。

八佾 3.11

或问禘之说[①]。子曰："不知也。知其说者之于天下，其如示诸斯乎[②]！"指其掌。

【注释】

①禘（dì）：在祖庙里祭祀上天的一种典礼。是古代最高、最隆重的礼仪，后来演变为大祭祖宗的礼仪。

②示：即视。

【译文】

有人问禘祭的情况。孔子说："不知道啊。知道这种礼仪的人来治天下，就像把自己掌上的东西给人看一样容易。"边说边指着自己的手掌。

扩展阅读

事死如事生，事亡如事存，孝之至也。郊社之礼[1]，所以事上帝也。宗庙之礼，所以祀乎其先也。明乎郊社之礼、禘尝之义[2]，治国其如示诸掌乎！(《中庸》)

【注释】

①郊：在郊外祭祀上帝。　社：此处指祭祀地神。

②尝：秋季祭祖礼。大祭祖宗每年四次，举出尝礼以代表全部。

【译文】

侍奉死的人如同侍奉生的人，侍奉亡者如同侍奉在世者，这是孝的顶点了。郊社的礼仪，是祭祀上帝的。宗庙的礼仪，是祭祀祖先的。明白郊社的礼节、禘礼和尝礼的意义，治国就会像把自己掌上的东西给人看一样容易。

点评

古代的礼仪共有五类，其中最重要的是祭礼。禘礼又是祭礼中最重要的。孔子主张以礼治国，所以认为，假如懂得禘礼，就很容易把国家治理好。

禘礼只有王者才能实行，当时也就是只有周天子才能实行。但由于周公旦的功劳特别大，所以周天子允许在他的封地鲁国实行禘礼。然而这是违背礼制的。孔子是鲁国的臣民，不愿意批评鲁国，所以说自己不懂得禘礼。

八佾 3.19

定公问："君使臣，臣事君，如之何？"孔子对曰："君使臣以礼，臣事君以忠。"

【译文】

鲁定公问："君主役使臣子，臣子侍奉君主，应该是什么样子？"孔子回答道："君主役使臣子要按照礼制，臣子侍奉君主要做到忠诚。"

扩展阅读

孟子曰："有事君人者，事是君则为容悦者也[1]。有安社稷臣者，以安社稷为悦者也。有天民者，达可行于天下而后行之者也。有大人者，正己而物正者也。"（《孟子·尽心上》）

【注释】

①容悦：讨好。容：脸色。

【译文】

孟子说："有侍奉君主的人，把侍奉某个君主当作快乐。有安定国家的臣子，以使国家安定为快乐。有上天的百姓，其道能在普天下都通行时才去实行。有伟大的人，先端正自己，外物便随之而端正。"

点 评

君臣关系是古代治国的重要问题，所以鲁定公为此向孔子请教，孔子讲了两个方面。然而后世虽然独尊儒术，但"君使臣以礼"这一条却几乎无人提起了。君主不论如何无礼地对待臣子，臣子也少有反抗的。即使在被无礼冤杀的时候，还得感谢君主圣明。这是一件非常可悲的事情。

孟子讲了几类臣子，其实君主也有好几类，只是孟子没有总结罢了。

泰伯 8.19

子曰："大哉尧之为君也！巍巍乎[①]！唯天为大[②]，唯尧则之。荡荡乎[③]！民无能名焉[④]。巍巍乎其有成功也，焕乎其有文章[⑤]！"

【注释】

①巍巍：崇高的样子。
②大：伟大。
③荡荡：广大的样子。
④名：称呼。
⑤焕：光明，光彩。　文章：指礼乐法度的建设非常完备和合理，就像一幅有序而美丽的图案。

【译文】

孔子说："尧这个君主真是太伟大了！真是太崇高了！只有上天最伟大，只有尧效法上天。他的恩德非常广大啊！民众不知如何称赞了。他的功绩是多么的崇高呀，他的礼乐制度是多么的光彩啊。"

扩展阅读

孟子道性善[①]，言必称尧、舜[②]。(《孟子·滕文公上》)

【注释】

①道：说，这里指主张。

②称：说到。

【译文】

孟子主张人性本善，开口就要说到尧、舜。

点评

尧、舜是孔子心目中最伟大的君主，是后世一切君主都应该效法的榜样。从汉代独尊儒术以后，儒者们就把帮助君主效法尧、舜作为自己努力的目标。因而，尧、舜不仅成为好君主的榜样，也成为一切好人的榜样。这就为所有的人提高道德水平提供了一个努力的目标。

今天我们未必一定要把尧、舜作为榜样。但追求高尚，仍然是必要的。

颜渊 12.7

子贡问政[1]。子曰："足食，足兵[2]，民信之矣。"

子贡曰："必不得已而去，于斯三者何先？"曰："去兵。"

子贡曰："必不得已而去，于斯二者何先？"曰："去食。自古皆有死，民无信不立。"

【注释】

①政：政治，政策。

②兵：兵器。

【译文】

子贡问如何治国。孔子说："粮食充足，兵器充足，民众就信任你了。"

子贡说："假如迫不得已要去掉一项，在粮食、兵器、民心三项中先去掉哪个？"孔子答："去掉兵器。"

子贡说："假如迫不得已还要去掉一项，在粮食与民心两项中先去掉哪个？"孔子答："去掉粮食。自古以来人人都免不了死亡。民众不信任，你就无法存在。"

扩展阅读

故曰：城郭不完[1]，兵甲不多，非国之灾也。田野不辟[2]，货财不聚，非国之害也。上无礼，下无学，贼民兴，丧无日矣。(《孟子·离娄上》)

【注释】

①城：内城墙。　郭：通“廓”，外城墙。

②辟：开辟。

【译文】

所以说：城墙不牢固，兵器甲胄不多，不是国家的灾难。田野没有开垦，财产不富足，不是国家的灾难。如果在上的人没有礼仪，在下的人不接受教育，作乱的民众就会不断涌现，那国家离灭亡就没有几天了。

点评

对一个国家来说，军备是重要的，财富也是重要的。但更重要的是上下一心、互相信任。有了这一条，兵器、粮食都可以创造出来；没有这一条，即使兵器、粮食充足，但上下离心、不能一致，国家还是免不了灭亡。

要能互相信任，首要条件是统治者要为下层民众着想。在上的人如果只知谋取私利，要想得到民众的信任是不可能的。

颜渊 12.11

齐景公问政于孔子。孔子对曰："君君[①]，臣臣，父父，子子。"公曰："善哉！信如君不君，臣不臣，父不父，子不子，虽有粟，吾得而食诸？"

【注释】

①君君：前一个君是名词，后一个君是动词。臣臣、父父、子子同。

【译文】

齐景公向孔子请教如何治国。孔子回答说："君主要做得像君主，臣子要做得像臣子，父亲要做得像父亲，儿子要做得像儿子。"景公说："讲得好啊！真要是君不像君，臣不像臣，父不像父，子不像子，虽然国库里有粮食，我能吃得到吗？"

扩展阅读

君臣、父子、夫妇之义，皆取诸阴阳之道。君为阳，臣为阴；父为阳，子为阴；夫为阳，妻为阴。……是故仁义制度之数[①]，尽取于天。天为君而覆露之，地为臣而持载之。阳为夫而生之，阴为妇而助之。春为父而生之，夏为子而养之。……王道之三纲[②]，可求于天。（董仲舒《春秋繁露·基义》[③]）

【注释】

①数：法则。

②王道：一种通过提倡德行使天下人归服的统治方式。

③《春秋繁露》：西汉董仲舒撰。十七卷发挥《春秋》之旨，力主公羊之学，杂阴阳五行之说，宣扬天人感应的理论。一般认为是后人辑录成帙。

【译文】

君臣、父子、夫妇的含义，都是取之于阴阳的法则。君是阳，臣就是阴；父是阳，子就是阴；夫是阳，妻就是阴。……所以仁义和各种制度的法则，完全取之于天。天作为君主所以覆盖和滋润，地作为臣子所以维持而承载。阳作为丈夫因而赋予生命，阴作为妻子所以加以协助。春作为父亲因而赋予生命，夏作为儿子所以进行养育。……王道的三大纲领，都可以从天那里找到依据。

点评

孔子回答齐景公的，是古代政治乃至道德中最重要的几个问题。这个问题后来被发展为“三纲”，即三大纲领。孔子不仅讲臣、子的义务，也讲君、父的义务。但是到形成“三纲”以后，君、父、夫的义务几乎没有了，剩下的只是权利。同时，臣、子、妇的权利几乎没有了，剩下的只是义务。之所以形成这样的局面，主要是由于当时的社会就是这样一种现实。

“忠孝”二字成为中国封建社会最重要的道德原则，也是在长期的社会生活中逐渐形成的。忠孝观念的突出又极大地巩固了君可以不像君、但臣必须要像臣的现实秩序。这样有利于社会稳定，但是扼杀了社会的活力。直到今日，不少仁人志士每念及此仍然要扼腕叹息。

子路 13.3

子路曰："卫君待子而为政[①]，子将奚先？"

子曰："必也正名乎。"

子路曰："有是哉，子之迂也！奚其正？"

子曰："野哉由也！君子于其所不知，盖阙如也[②]。名不正，则言不顺；言不顺，则事不成；事不成，则礼乐不兴；礼乐不兴，则刑罚不中[③]；刑罚不中，则民无所措手足。故君子名之必可言也，言之必可行也。君子于其言，无所苟而已矣。"

【注释】

①卫君：卫国的君主。

②阙：保留。

③中：符合事实。

【译文】

子路问："卫君假如请您执政，您会先做什么？"

孔子说："那一定是订正名称了。"

子路说："有这等事吗，您太迂腐了！这何必去订正呢？"

孔子说："仲由啊，你太鲁莽了。君子对于他不了解的事，大概都会暂时搁置起来。名份不正，说话就不顺当；说话不顺当，事就办不成；事情办不成，礼乐就没法振兴；礼乐不振兴，刑罚就不能得当；刑罚不得当，民众就不知该怎么做。所以君子确定了名称就一定能够说出用这个名称的理由，说出来的话就一定可以实行。君子对于自己的话，要一丝不苟才罢了。”

扩展阅读

今圣王没，名守慢①，奇辞起，名实乱②，是非之形不明③，则虽守法之吏，诵数之儒，亦皆乱也。若有王者起，必将有循于旧名，有作于新名。(《荀子·正名》)

【注释】

①慢：怠慢，忽视。

②名实：名称和实际。

③形：相比较，相区别。

【译文】

如今圣明的君王去世了，遵守名称的事被忽略，奇怪的名词出现，名称和实际不符合，是非的区别不明确，即使遵守法纪的官吏，诵读法则的儒者，也都乱了。如果有王者出现，他一定要遵循一些旧的名称，创作一些新的名称。

点评

名称问题，不仅仅是用词准确与否的问题，更是要明确概念的问题。概念明确，才能正确表达意思，才能相互沟通。在国家政治、法律中，统一名称就更为必要。古代如此，现在也是如此。所以不仅孔子要求正名，荀子、董仲舒也都要求正名。其实，这样的工作，每个朝代、每个国家都在做，只是程度有差别，方式不相同罢了。

子路 13.15

定公问[1]："一言而可以兴邦，有诸？"

孔子对曰："言不可以若是其几也[2]。人之言曰：'为君难，为臣不易。'如知为君之难也，不几乎一言而兴邦乎[3]？"

曰："一言而丧邦，有诸？"

孔子对曰："言不可以若是其几也。人之言曰：'予无乐乎为君，惟其言而莫予违也。'如其善而莫之违也，不亦善乎？如不善而莫之违也，不几乎一言而丧邦乎？"

【注释】

①定公：鲁国君主。

②几：期望，估计。

③几乎：接近。

【译文】

鲁定公问："一句话就可以振兴国家，有这样的事吗？"

孔子回答道："对于好话也不可有这样高的期望。有这样一句话：'做君主难，做臣子也不容易。'如果知道做君主艰难，就会认真地去做，不就近乎一句话可以振兴国家的吗？"

（定公又）问："一句话可以使国家灭亡，有这样的事吗？"

孔子回答道："对于坏话也不可以有这样极端的估计。

有这样一句话：‘我做君主并不快乐，只是说话无人敢违抗（才使我快乐）。’如果好话无人敢违抗，不也是件好事吗？如果坏话无人敢违抗，不就近乎一句话可以使国家灭亡吗？”

扩展阅读

孟子曰：“民为贵，社稷次之，君为轻。是故得乎丘民而为天子[①]，得乎天子为诸侯，得乎诸侯为大夫。诸侯危社稷，则变置。牺牲既成[②]，粢盛既洁[③]，祭祀以时，然而旱干水溢，则变置社稷[④]。”（《孟子·尽心下》）

【注释】

①丘民：众民。

②牺牲：祭神的牲畜。

③粢（zī）盛：祭神时盛在器皿中的谷物。

④变置社稷：古人认为，水灾旱灾的出现，是社稷二神的失职，所以要毁掉旧的神坛，重新设置。

【译文】

孟子说：“民众最重要，其次是土谷神，君主为轻。所以得到民众拥护的做天子，得到天子称赞的做诸侯，得到诸侯称赞的做大夫。诸侯危害国家，就更换。牲畜已准备好，谷物也都干净了，并按时进行祭祀，然而还是干旱、洪水不断，那就更换土谷之神。”

点评

一个国家的领导者，或者一个部门的领导者，如果无人敢于违抗他的话才使他觉得保持了领导的威严，他能把一个国家、一个部门弄成什么样子也就可想而知。只有懂得做领导不容易，才能认认真真、兢兢业业，把事情办好。

卫灵公 15. 11

颜渊问为邦。子曰："行夏之时，乘殷之辂，服周之冕，乐则韶舞。放郑声，远佞人。郑声淫，佞人殆。"

【译文】

颜渊问如何治国。孔子说："实行夏代的历法，乘坐商朝的车子，戴周朝的冠冕，音乐用《韶》和《舞》乐。抛弃郑国的乐曲，疏远花言巧语的小人。郑国的乐曲淫荡，花言巧语的人危险。"

扩展阅读

滕文公问为国[①]。孟子曰："民事不可缓也[②]。……民之为道也，有恒产者有恒心，无恒产者无恒心。苟无恒心，放辟邪侈，无不为已。及陷乎罪，然后从而刑之，是罔民也。焉有仁人在位，罔民而可为也？是故贤君必恭俭礼下，取于民有制。……设为庠序学校以教之[③]。庠者，养也；校者，教也；序者，射也[④]。夏曰校，殷曰序，周曰庠，学则三代共之，皆所以明人伦也。人伦明于上，小民亲于下。有王者起，必来取法，是为王者师也。……"（《孟子·滕文公上》）

【注释】

①滕文公：滕国的君主。

②缓：消极对待。

③庠（xiáng）序学校：庠、序、校，都是乡里学校；学，国立学校。

④射（yì）：通“绎”，陈列，指陈列人伦秩序以教导。

【译文】

滕文公问如何治国。孟子说：“民众的事不可消极对待。……民众行为的法则，是有稳定的财产就有稳定的心，没有稳定的财产就没有稳定的心。假如没有稳定的心，越轨、怪异、邪恶、放荡，那什么事都会去做了。等到他犯了罪，然后加以刑事处罚，这是愚弄民众。哪有仁人掌权，会做那些愚弄民众的事呢？所以贤明的君主一定是恭敬俭朴，以礼待民，收取税费有限度。……设置庠、序、学校进行教育。庠就是教养，校就是教导，序就是陈列。乡里学校，夏代叫“校”，商代叫“序”，周朝叫“庠”；国立学校则三代都叫“学”，都是教人明白伦理道德的。上面的人明白了伦理道德，下面小民们关系就会亲密。假如有王者出现，一定会来采纳效法，这就做了王者的老师……”

点评

孔子为什么说治国要用夏时、乘殷辂、服周冕，原因不是很清楚。清楚的是放郑声，远佞人。郑声被孔子认为是一种淫荡的靡靡之音，并且认为这样的音乐会导致亡国。

孟子讲治国，主要是两个方面：一是要使民众有稳定的财产，二是要办好教育。富裕当然是好事，但没有文化、不讲道德的富裕，不过是使人成为吃饱了肚子的禽兽。有文化、有道德当然好，但是假如衣不蔽体，食不饱腹，文化、道德也只能对少数人有作用。孟子的这种见解，在今天仍有参考价值。

季氏 16.1

季氏将伐颛臾[①]。冉有、季路见于孔子，曰："季氏将有事于颛臾[②]。"

孔子曰："求！无乃尔是过与[③]？夫颛臾，昔者先王以为东蒙主[④]，且在邦域之中矣，是社稷之臣也。何以伐为？"

冉有曰："夫子欲之，吾二臣者皆不欲也。"

孔子曰："求！周任有言曰[⑤]：'陈力就列，不能者止。'危而不持，颠而不扶，则将焉用彼相矣？且尔言过矣。虎兕出于柙[⑥]，龟玉毁于椟中，是谁之过与？"

冉有曰："今夫颛臾，固而近于费[⑦]。今不取，后世必为子孙忧。"

孔子曰："求！君子疾夫舍曰欲之，而必为之辞。丘也闻有国有家者，不患寡而患不均[⑧]，不患贫而患不安[⑨]。盖均无贫，和无寡，安无倾。夫如是，故远人不服，则修文德以来之。既来之，则安之。今由与求也，相夫子，远人不服，而不能来也；邦分崩离析，而不能守也；而谋动干戈于邦内。吾恐季孙之忧，不在颛臾，而在萧墙之内也⑩。”

【注释】

①季氏：季孙氏，鲁国大夫。季氏和鲁国君主都是周公的后代，国君是嫡传，季氏是旁支。但鲁国国君在几代之后，就逐渐腐败下来，季氏作为国君亲属，掌握朝政，却能勤恳于国事，政权就这样落到了季氏手中。季氏曾经把鲁国的君主昭公流放出境，鲁国人民不仅不加责备，还拥护季氏。后来，昭公死在了晋国。此时是昭公之孙鲁哀公继位，一心想除掉季孙氏。季氏担心颛臾会帮助鲁公，所以要先讨伐它。不过季氏的日子也不好过，他和另外两个大夫分割了鲁国，自己的家臣也屡次背叛自己，所以孔子说国家分崩离析。　颛臾（zhuān yú）：地名，在鲁国境内，是鲁的属国。

②有事：即指用兵。

③尔是过：责备你、归罪于你。

④东蒙：山名，地近费邑，费邑是季氏的领地。

⑤周任：古代的优秀史官。

⑥兕（sì）：兽名。

⑦费（bì）：鲁国季氏的采邑，今山东费县西南七十里有费城。

⑧寡：人口稀少。　均：分配公平。

⑨贫：财富不多。　安：上下安分。

⑩萧墙：诸侯使用的屏风，“萧墙之内”指鲁哀公。

【译文】

季氏将要进攻颛臾。冉有、子路去见孔子，说："季氏要对颛臾用兵。"

孔子说："求啊！这是不是该责备你啊？颛臾，过去先王封他来主持东蒙山的祭祀，而且又在国境之内，是国家的臣属。为什么要讨伐它呢？"

冉有说："季孙氏要这么做，我们两个都不同意。"

孔子说："求啊！周任有句话说：'能够尽力就任职，不能就离开。'遇到危险不扶持他，要摔倒了不扶持他，（盲人）又何必用助手呢？况且你说得也不对。老虎犀牛跑出了笼子，龟甲宝玉坏在了匣中，是谁的过错呢？"

冉有说："颛臾的城墙坚固并且靠近费邑，现在不夺取，将来一定会成为子孙的麻烦。"

孔子说："求啊！君子讨厌那种不说是自己贪心，还一定要编造一套借口的行为。我听说，有统治一国或统治一家的人，不应担心人口少而应担心不公平，不应担心财富少而应担心不安分。公平就不会有贫穷，和睦就不会嫌人口少，安分就不会被颠覆。假如这样，远方的人还不归服，就努力搞好仁义礼乐的教化来吸引他们。当他们被吸引过来以后，就要使他们安心。现在由和求你们两个做季孙氏的官，远方的人不归服而不能设法吸引，鲁国境内分崩离析也不能加以保全，却要策划在国内兴兵动武。我怕季孙氏所担心的，不是颛臾，而是鲁公了。"

扩展阅读

孟子曰："春秋无义战[1]。彼善于此，则有之矣。征者，上伐下也，敌国不相征也[2]。"（《孟子·尽心下》）

【注释】

①春秋：我国历史上的一个时代。在鲁隐公元年至鲁哀公十四年（前722—前481）之间。这一时期，诸侯们不听周天子号令，互相攻战。大夫们则弑杀诸侯，家臣们又弑杀大夫。据统计，这一时期有三十六位君主被杀，五十二个国家被灭。

②敌国：同等级别的国家。

【译文】

孟子曰："春秋时代没有正义战争。那一个比这一个好，是有的。征，是上面讨伐下面的意思，同等级别的国家不可相互征讨。"

点评

就鲁国国君的所作所为，早就应该把他赶下台了。但是孔子认为季氏把持朝政，不尊重国君，是个原则问题。因为在孔子看来，假如承认季氏的做法合理，大家都仿效起来，大夫可以反对国君，家臣就可以反对大夫，这样天下就会大乱，社会秩序就无法维持。孔子终生所致力的，就是维持现实的社会秩序。然而当时天下确实已经大乱了，诸侯、大夫们都要在这场混乱的争斗中多捞取一些利益，所以谁也不听孔子的话。孔子的主张也就在数百年中受到冷落。直到汉朝建立，需要使现实秩序稳固的时候，孔子的学说才被重新发现，并且做了国家的指导思想，一直延续到清朝政权被推翻为止。

在孔子前后，还有许多伟大的思想家，都提出过各自的社会主张。其中较著名的有老子、墨子、韩非子、邹衍等等。他们的主张，有的当时流行，后来不行，如墨子和邹衍。有的当时不行，后来比较流行，如老子。思想发展的历史表明，一种思想的命运，不取决于思想家本人的品质和智慧，而取决于社会对它的需要。

无论这些思想家的主张优劣胜负如何，作为后人，我们仍然感佩他们思想的深刻、品德的高尚，并把阅读他们的著作当作提高思想水平、培养高尚道德品质的重要途径。因为他们在历史上都曾创造过光辉的业绩，正是在他们创造的基础上，我们才走到了今天。